Nikolaus Ladner

Welche Bedeutung hat Spiritualität für die Pädagogik?

Wie Lehrkräfte spirituelle Praktiken im Unterricht einsetzen können

Bibliografische Information der Deutschen Nationalbibliothek:

Die Deutsche Nationalbibliothek verzeichnet diese Publikation in der Deutschen Nationalbibliografie; detaillierte bibliografische Daten sind im Internet über http://dnb.d-nb.de abrufbar.

Impressum:

Copyright © Science Factory 2020

Ein Imprint der GRIN Publishing GmbH, München

Druck und Bindung: Books on Demand GmbH, Norderstedt, Germany

Covergestaltung: GRIN Publishing GmbH

Inhaltsverzeichnis

Abstract

Diese hier vorliegende Arbeit widmet sich der Relevanz des Phänomens der Spiritualität für die Bildungsarbeit aufgrund dessen kulturhistorischen Verflechtung mit der Pädagogik. Die Frage nach einem zeitgemäßen Verständnis der Spiritualität und dessen allfällige Verwertbarkeit für die Bildungsarbeit in einer hochtechnisierten neoliberalen Gesellschaft werden einer philosophischen Betrachtung unterzogen. Hierzu werden Ergebnisse aus Humanmedizin, Psychologie, Biologie, Bio- und Quantenphysik sowie deren Relevanzbezüge zur Thematik aufgegriffen und zueinander in Kontext gesetzt. Eine grundlegende Definition wird aus diesen abgeleitet und die zentralen Komponenten in den Fokus genommen.

Auf Basis eines an der klassisch-idealistischen Epoche angelehnten und aus der Aufklärung jener Zeit hervorgegangenen Welt- und Menschenbildes, werden die Ergebnisse eines 2018/19 durchgeführten Forschungsprojektes und deren Relevanz für die Bildungsarbeit skizziert und durch natur- und geisteswissenschaftliche Theorien auf transdisziplinärer Ebene analysiert. Die sich daraus abzeichnenden Deutungsrahmen für Fragen nach der Sinnhaftigkeit der menschlichen Existenz sowie die Erkenntnis der kollektiven Vernetzung und Abhängigkeit jeglichen Lebens innerhalb und außerhalb des Ökosystems Planet Erde werden verdeutlicht. Die Ergebnisse dürfen in weiterer Folge als Diskussionsgrundlage für die Erweiterung der aktuellen Lehrpläne und deren Inhalte durch die exemplarisch beschriebenen Methoden und Interventionen dienen und für die Begegnung mit aktuellen gesamtgesellschaftlichen Herausforderungen von Nutzen sein.

Abkürzungsverzeichnis

ANM.:	Anmerkung (des Autors)
A.d.E.v.:	Aus dem Englischen von
Hrsg.	Herausgeber
u. a.	unter anderem
u. dgl.	und dergleichen
usw.	und so weiter
z. B.	zum Beispiel

1 Einleitung

Seit der griechischen Antike sind Philosophen und Gelehrte der Spur nach der Antwort auf die Frage nach dem Sinn des Daseins bereits hinterhergewandert. Eine reichhaltige Fülle möglicher Antworten ließ sich inzwischen zutage fördern, wovon viele auf die Existenz eines höheren, gemeinsamen Geistes hinweisen. Je weiter der Mensch in der Evolution vorangeschritten war, umso mehr verhalfen ihm die Errungenschaften der Wissenschaften seine eigene Existenz sicherer, komfortabler und mehr auf die Zukunft ausgerichtet zu gestalten.

Aus diesen immer kontrollierbareren Entwürfen für ein gelingendes Leben in einer intakten Gesellschaft erschloss sich die Menschheit Wissen und Erkenntnis über die Mechanismen der Natur von der Erscheinung der Formen bis in die kleinsten Einheiten organischen Lebens. Auf dem Weg zu diesem höheren, gemeinsamen Geist wurden Krankheiten überwunden und Kriege geführt, aber auch Spezies verdrängt und Arten ausgelöscht. Dennoch erkennt sich der Mensch heute noch als *vernunftbegabtesWesen* (Oscar Wilde), wobei es immer augenscheinlicher wird, dass die etablierten Maßstäbe von Vernunft die Menschheit und das gesamte Gefüge des Organismus Erde an eine entscheidende Weggabelung geführt haben.

Die Frage nach dem Sinn scheint entweder in den Hintergrund getreten oder durch die vorgegebenen Maximen eines „Schneller, Höher, Weiter" der letzten zwei Jahrhunderte in einem Höchstmaß verblasst. Der Mensch des 21. Jahrhunderts sieht sich konfrontiert mit einer Vielzahl an Herausforderungen und darüber hinaus integriert in einem umfassenden systemischen Kontext, in welchem er nur mehr stark eingeschränkt in der Lage ist ein selbstbestimmtes Leben zu führen. Er sieht sich den zunehmenden Verwerfungen aus Wirtschafts- und Finanzsystem „alternativlos" ausgeliefert und ist gleichzeitig konfrontiert mit einer Spaltung durch Ideologien, welche wie unüberwindbare Graben mitten durch die Gesellschaft führen. Die Möglichkeit sich davon abzuwenden und sich nur um die persönlichen Belange zu kümmern ist kaum mehr gegeben.

In der zivilisierten westlichen Gesellschaft, in welcher es jedem offen steht aus einer Fülle an Möglichkeiten für jegliche Bedürfnisse zu wählen, ist die Frage nach dem Sinn zu einer entscheidenden Orientierungsmarke für die psychische und physische Befindlichkeit geworden. Auch wenn prognostiziertes Wachstum Verbesserungen unbegrenzten Ausmaßes in Aussicht stellt, so spürt der Einzelne von diesen Entwicklungen oftmals nur die negativen Auswirkungen.

Ein sinnerfülltes Dasein bedeutet in der heutigen Zeit nicht mehr nur das tägliche Überleben und ein Dach über dem Kopf. Das Bedürfnis, seine eigenen Fähigkeiten sinn-bringend mit der Gesellschaft zu teilen und daraus nicht nur monetären, sondern vor allem ideellen Nutzen zu ziehen, wird zusehends wichtiger. Die Qualität des eigenen Daseins lässt sich nicht mehr nur in quantitativen Maßstäben messen, dem Menschen verlangt es nach Bedeutung und Zweck der von ihm für die Gemeinschaft eingebrachten Lebenszeit. Der Begriff der Work-Life-Balance ist zum Synonym geworden dem täglichen Voranschreiten auch qualitative Bedeutung beizubringen, und diese vor allem, aber nicht nur zum Wohle des Ganzen.

Qualitäten wie Fürsorge, Großzügigkeit, Nächstenliebe scheinen als leere Worthülsen vermehrt wieder mit Hingabe, Aufopferung, Mut und Zuversicht gefüllt zu werden, um den absehbaren Fehlschlägen eines mechanistisch und materialistisch geprägten Gesellschaftssystems zu begegnen. Auch wenn die lenkenden Instanzen unseres westlichen Wertesystems weder fähig noch willens zu sein scheinen, möglichen und nötigen Veränderungen verantwortungsvoll zu begegnen und diese zur Umsetzung zu bringen, entstehen an der Wurzel der Gesellschaft vermehrt Bewegungen und Initiativen. Gemeinschaften, welche sich dem verantwortungslosen Treiben nicht länger anschließen wollen, sondern sich ihrerseits um alternative Handlungsstrategien bemühen und zukunftsfähige Strukturen für eine nachhaltige gemeinsame Zukunft zu verwirklichen beginnen.

Diese Modelle und Methoden für eine zukunftsfähige und moderne Gesellschaft, getragen von Respekt für alles Lebendige und der notwendigen Resilienz, existieren nicht erst seit gestern. Sie sind nicht nur bereits seit Jahrzehnten in der Probephase, sondern vielfach schon in der Anwendung angekommen. Dennoch lassen sich die bestehenden Strukturen nicht ohne weiteres ablösen oder gar ersetzen. Alle tragenden Bereiche der Gesellschaft sind, ähnlich dem Beispiel des Organismus Erde, komplex ineinander verwoben und voneinander abhängig. Dennoch ist der Mensch in der Lage, wie schon so oft, aus gemachten Fehlern zu lernen und sich den notwendigen Veränderungen zu stellen.

So wie der Mensch und das Menschenbild sich verändern, so tut es auch die Welt und das Abbild von ihr und je weiter wir voranschreiten, desto mehr wird offensichtlich, wie sehr die Menschheit als Gesamtes voneinander abhängig ist. Ein zeitgemäßes Bewusstsein in den heranwachsenden Gesellschaften zu inspirieren und zu etablieren ist die Aufgabe der Pädagogik.

Seit jeher ist es das Metier dieses Wissenschaftsbereiches, aktuelle Erkenntnisse aus anderen Disziplinen in dessen Welt- und Menschenbild zu implementieren, gleichzeitig aber auch die nötigen Maßnahmen zu setzen, um den Fortbestand der Gesellschaft durch die Formung fähiger und williger Teilnehmer an den Prozessen dieser modernen Welt sicherzustellen. Oftmals scheint es eine schwierige Herausforderung, da die entwickelten Bildungskonzepte ja offensichtlich dem Zeitgeist stets hinterher zu hinken scheinen. Gleichzeitig ist ein steigendes Maß an Energieaufwand nötig, um die bestehenden Verhältnisse aus Verwaltung und Konsum weiter in die Zukunft zu führen. Und immer mehr sehen wir die heranwachsenden Mitglieder unserer Gesellschaft verwirrt und verloren zwischen Sucht und Depression.

Ein Gefühl der Ohnmacht und des Nicht-Gewachsen-Seins der aktuellen Elterngeneration und die immer wiederkehrenden Forderungen nach Erfolg bei gleichzeitigem Lebensglück scheinen zumeist als unvereinbare Gegensätze. Der Mensch von heute hat sich ständig zu entscheiden. Er wird gedrängt, immer weiter voranzuschreiten und immer mehr zu leisten, ohne jemals die Frage nach dem *Wofür* zu stellen. Die Frage nach der Sinnhaftigkeit des Tuns und der Wunsch nach Beständigkeit des Seins, fordern wie seit jeher ihre Antwort.

Es mag befremdlich erscheinen, sich als Akademiker mit derartigen Belanglosigkeiten zu beschäftigen. Bewegt man sich als Praktiker im sozialpädagogischen Feld, werden hierin aber nicht nur menschliche Defizite und pathologische Symptome deutlich. Immer mehr lässt sich auch erkennen, dass das systematische Gefüge, in welchem wir alle eingebettet sind und welches wir dadurch auch mittragen, dem aktuellen Bild des Menschen nicht mehr ausreichend gerecht werden kann.

„Wer ein Problem erkannt hat, jedoch nichts zu seiner Lösung beiträgt, wird selbst Teil des Problems", soll einst der große Albert Einstein gesagt haben. Es soll uns an dieser Stelle eine Erinnerung sein, dass es uns immer auch möglich ist die Wahl zu treffen, wenn wir nur den Mut zur Veränderung aufbringen können. Welche Optionen der Wahl uns zur Verfügung stehen, ist immer auch eine Frage des zugrundeliegenden Wissens über diese Wahl. Vieles, woran einst geglaubt wurde, ist inzwischen durch empirische Ergebnisse widerlegt worden. So finden sich auch in den verschiedenen wissenschaftlichen Feldern Indizien, die ein Umdenken nicht nur ermöglichen, sondern dringend erforderlich machen. Die Basis für Veränderungen ist meist in einer Erweiterung des Wissens durch neue Informationen begründet, die eine andere Art des Voranschreitens erfordern. Impulse und Inhalte für derartige Veränderungen, sollen im Folgenden näher behandelt werden.

Beschäftigt man sich mit der menschlichen Befindlichkeit, so ist es notwendig so dicht als möglich am Individuum anzusetzen. Jene Wissenschaftsdisziplinen, welche sich damit beschäftigen, sind die Biologie und die Psychologie. Die inneren Prozesse des Menschen, sein Denken und Fühlen und die sich daraus ableitenden Handlungen sind nach wie vor zentralerAnsatzpunkt in der Psychologie. Die Frage nach dem Warum und Wofür lässt sich hier am ehesten stellen. Doch was bringt den Menschen in die Situation überhaupt danach zu fragen? Ist es nicht offensichtlich, dass sich der Mensch der westlich zivilisierten Welt in einer äußerst privilegierten Situation befindet?

Auf Basis der Einsicht über diese privilegierte Situation darf sich die Wissenschaftsdisziplin der Erziehungs- und Bildungswissenschaften die Frage stellen, inwieweit das aktuelle Welt- und Menschbild den Anforderungen der aktuellen Stufe der Evolution gerecht werden kann. Die Verantwortung hierfür liegt begründet in der Tatsache, dass das gesellschaftlich vorherrschende Welt- und Menschenbild durch die in den einzelnen Bildungsetappen tätigen Pädagogen an die heranwachsenden Generationen weitergegeben und vermittelt wird. Weiters orientieren sich die Lehrpläne und Schulformen an den Anforderungen der gesellschaftlichen Strukturen, in denen sie eingebettet sind.

Seit der Epoche der Aufklärung und den dadurch begründeten Individualisierungsprozessen findet eine sich stets beschleunigende Entwicklung in Technologie und Ökonomie statt. Diese hat zu jenem Niveau an Wohlstand und Sicherheit geführt, in welchem sich die westlich-industrialisierten und neoliberalistisch geprägten Gesellschaften heute befinden. Gleichsam werden allerdings auch erhebliche Defizite und Probleme wie beispielsweise die vieldiskutierte Klimaerwärmung, die steigende Umweltverschmutzung, der stets wachsende Energiebedarf und die nicht enden wollenden Konflikte in vielen Regionen des Planeten immer offensichtlicher. Diese lassen sich anhand statistischer Daten den erwähnten Entwicklungen zuschreiben und machen deutlich, dass eine Fortführung des Wirtschaftens entlang der Maximen des grenzenlosen Wachstums bei begrenzten Ressourcen nicht nur den Fortbestand dieser hochentwickelten Gesellschaft, sondern der Menschheitsfamilie als Ganzes gefährdet.

Welche Veränderungen im Welt- und Menschenbild notwendig sind, um zu einer gedeihlichen Weiterentwicklung des einzelnen Menschen und der Menschheitsfamilie als Ganzes beizutragen, kann im Rahmen dieser Arbeit nur unzureichend beantwortet werden. Dennoch kann ein neues Verständnis des Phänomens

Spiritualität Impulse liefern, um Zusammenhänge und Wirkmechanismen auf gesellschaftlicher und globaler Ebene aus anderen Perspektiven zu betrachten.

Zum einen, um allgemeinere Mechanismen des Ökosystems Planet Erde in welchem der Mensch eingebettet ist, zu verdeutlichen. Zum anderen, um das aktuell vorherrschende Menschenbild des *Homo oeconomicus* und das mechanistische Weltbild der Natur und des Planeten als verwertbare Ressourcen abzulösen und dadurch zukunftsfähigere Visionen für ein gedeihliches Miteinander als global verbundene Menschheitsfamilie zu verwirklichen.

Das zentrale Thema der vorliegenden Arbeit ist die Relevanz des Phänomens Spiritualität und dessen Verwertbarkeit für die pädagogische Arbeit. Ziel dieser Arbeit ist es, zu einem erweiterten Verständnis des Phänomens der Spiritualität beizutragen. Hierzu werden aktuelle Forschungsergebnisse aus unterschiedlichen Wissenschaftsdisziplinen herangezogen, miteinander in Bezug gesetzt und durch die Ergebnisse eines in den Jahren 2018/19 vom Autor dieser Arbeit durchgeführten Forschungsprojektes und dessen Ergebnissen ergänzt.

Durch die Komplexität der dargestellten Themenbereiche und den beschränkten Rahmen dieser Arbeitist eine tiefergehende Analyse in allen Einzelheiten nicht möglich, und die Arbeit erhebt daher auch nicht den Anspruch auf Vollständigkeit. Die Vernetzung der grundlegenden Ansätze zu einem für das Thema relevanten Gesamtbild öffnet jedoch den Raum für weiterführende Forschung und Diskussion.

1.1 Bezugnahme zum Studienprojekt (2018/19)

Die Ergebnisse eines in den Jahren 2018/19 durchgeführten Studienprojektes decken sich mit den bisher vorliegenden Forschungsergebnissen zum Phänomen der Spiritualität aus den unterschiedlichsten Disziplinen (Warnke 2017, Bucher 2014, Büssing 2011). In dieser Erhebung wurden qualitative Leitfadeninterviews zum Verständnis von Spiritualität mit Repräsentantinnnen und Repräsentanten unterschiedlicher Altersgruppen durchgeführt. Die TeilnehmerInnen unterschiedlichen Alters (25, 31, 34, 42, 52, 70) wiesen alle einen akademischen Hintergrund aus unterschiedlichen Bereichen auf und sprachen über ihr aktuelles Verständnis des Phänomens.

Sie schilderten ihren Werdegang und den Entwicklungsverlauf ihrer spirituellen Genese und erzählten über ihre aktuelle Einschätzung betreffend der Wichtigkeit des Themas, mögliche Relevanzbezüge für den Bereich der Erziehungs- und Bildungswissenschaften sowie die Sichtbarkeit der Thematik in ihrem sozialen

Umfeld und der Gesellschaft derer sie sich zugehörig fühlen. Entlang dieses Längsschnittes wurden sowohl die initialen Momente in der Auseinandersetzung, als auch progressive Entwicklung des Verständnisses der Thematik deutlich und bestätigten auch hierin die bisherige Forschungslage betreffend der Entwicklung der Spiritualität des Individuums.

Besonders in den Interviews mit den im psychosozialen Berufsfeld tätigen TeilnehmerInnen wurden Anhaltspunkte für weiterführende wissenschaftliche Auseinandersetzung für mich deutlich. Zum einen zeigt sich im Rahmen der Tätigkeit einer Psychotherapeutin **die Frage nach dem Sinn**, welche ihr in einer Therapiesitzung von einem jungen Mädchen gestellt wurde:

> „...da wird es schon noch einmal hilfreich sich darüber hinaus zu bewegen auf einer geistigen Ebene und sich damit zu befassen was ist der Sinn, (...) der Sinn des Lebens hat mir einmal eine, (...) Patientin gesagt (...), eine Jugendliche. Hat sie (...) was macht denn das für einen Sinn, wir werden geboren dann leiden wir dahin dann werden wir, mehr oder weniger gut behandelt oder eben auch nicht, und dann sterben wir, setzen wir vielleicht noch dazwischen Kinder in die Welt oder eben auch nicht, was macht denn das alles für einen Sinn?"

> (Anhang: IP4 141-148)

Weiters geben die Schilderungen einer Sozialpädagogin Einblick in die Lebenswelt ihrer Klienten im Alter zwischen 12 und 19 Jahren, welche ihr Bedürfnis nach analoger Verbundenheit mittels ihrer technologischen Hilfsmittel (Smartphones) auf verschiedenen Social Media Plattformen (Snapchat, Instagram, Facebook) durch ein hohes Maß an digitaler Verbundenheit zu kompensieren scheinen.

Diese Tendenzen zeigen, dass sich das spirituelle Bedürfnis nach Verbundenheit und der Generierung von Sinn im Leben als gewichtiges Thema in unserer heutigen Gesellschaft und der Lebenswelt der gerade heranwachsenden Generationen darstellt. Diesen Entwicklungen zu begegnen und den noch jungen Menschen entsprechende Skills und Rahmenbedingungen in der Auseinandersetzung mit aktuellen und zukünftigen Herausforderungen zu vermitteln ist die Aufgabe der Pädagogik. Daher sind wir alle aufgerufen, die gebotene Verantwortung für diese gesamtgesellschaftlichen Entwicklungen zu erkennen, wahrzunehmen und gemäß den Möglichkeiten und Notwendigkeiten entsprechend zu handeln.

2 Theorien, Methodik und Definition der im Kontext relevanten Begriffe

Um sich dem Phänomen der Spiritualität zu nähern und zu einem adäquaten Verständnis über dessen Bedeutung in der Menschheitsgeschichte zu gelangen, ist ein Rückblick auf die kulturelle Entwicklung der Menschheit und deren Zusammenhang zur Spiritualität naheliegend. Hierfür dienen uns sowohl archäologische Befunde als auch schriftliche Überlieferungen, welche sich in verschiedenen religiösen Traditionen finden lassen.

Ein weiter Bogen lässt sichvon dem kulturellen Vermächtnis des Steinzeitmenschen bis hin zu den vorliegenden Dokumenten der Jahrhunderte um Christi Geburt spannen. Vor allem die indischen Aufzeichnungen der *Upanishaden*[1] (700–200 v. Chr.) und die überlieferte Philosophie der griechischen Antike liefern einen Einblick in die komplexen Transzendenzvorstellungen jener Zeit. Eine Kosmologie, welche als Anstoß für so manche spirituelle Bewegung der Neuzeit Impulse geliefert und darüber hinaus eine Vielzahl von Strukturen des Denkens und der spirituellen Praxis bis in die heutige Zeit erhalten hat.

Im weiteren Verlauf zeigt sich die zunehmende Institutionalisierung der Religionen, insbesondere des Christentums, welche sich maßgeblich auf die Entwicklung der Gesellschaft im Mittelmeerraum und in weiterer Folge auf den gesamteuropäischen Raumund darüber hinaus auswirkte. Nicht nur gesellschaftspolitisch, sondern vor allem machtpolitisch haben die bis heute etablierten Religionen Einfluss auf Entwicklungen genommen, welche bis ins 21. Jahrhundert in ihren Auswirkungen spürbar sind. Vor allem die großen Religionsgemeinschaften wie etwa das Christentum, der Islam, der Buddhismus und der Hinduismus, vermögen es auch heute noch, in erheblichem Ausmaß zu sozialer Kohäsion beizutragen und gleichzeitig deutliche Rahmen im Welt- und Menschenbild für die Angehörigen dieser Glaubensgemeinschaften zu zeichnen.

Die deutliche Unterscheidung zwischen Spiritualität und Religion ist daher unerlässlich, um nicht in religiöse Glaubensfragen zwischen Richtig und Falsch oder gar in ausgrenzende und intolerante Diskurse zu entarten. Die Essenz des Phänomens der Spiritualität kann anhand von natur- und geisteswissenschaftlichen

---

[1] https://de.wikipedia.org/wiki/Upanishaden

Erkenntnissen der aktuellen Zeit in ein adäquates Weltbild eingefügt werden, um als Katalysator für ein zeitgemäßes Verständnis zu dienen.

Die augenscheinlichste Gemeinsamkeit zwischen Spiritualität und Religion findet sich in der Tatsache, dass es sich um Glaubenssysteme und -muster handelt, welche nicht an konkrete oder empirisch erhobene Sachverhalte geknüpft sind, sondern sich einzig und allein durch die menschliche Fähigkeit des Glaubens und Vertrauens an die Existenz nichtphysischer Phänomene konstituiert. Somit findet sich hier auch der Verweis auf fundamentale kognitive Prozesse, welche durch Erziehung, Sozialisation und Prägung des Individuums durch sein Umfeld beeinflusst sind und gleichzeitig aber auch Veränderung und Weiterentwicklungen ermöglichen.

Diese Erkenntnis weist den Weg in die Disziplinen der Geisteswissenschaften, welche, wie der Name schon sagt, sich mit geistigen Prinzipien beschäftigen und als Orientierung für die Entwicklung moderner Gesellschaften und Hochkulturen erwiesen haben.

2.1 Evolution und Spiritualität

Richtet man den Blick zurück durch die Geschichte, findetmangenügend Anhaltspunkte dafür, dass das Phänomen der Spiritualität seit jeher von tragender Bedeutung für die Menschheit war. Belege hierfür finden wir nicht nur in den überlieferten Schriften der Religionen, sondern in weit älteren Relikten und Piktogrammen, welche im Rahmen archäologischer Ausgrabungen weltweit bisher gefunden wurden. Viele der zutage geförderten und entdeckten Artefakte zeigen Darstellungen von menschenähnlichen Wesen und ganzen Herden von Tieren wie am Beispiel der *Höhle von Lascaux*[2], aber auch Alltagsgegenstände, welche auf die kulturelle Beschaffenheit jener Zeit hinweisen.

Betreffend der spirituellen Welt- und Menschenbilder des damaligen Lebens liefern zumeist Begräbnisstätten und Kultplätze wertvolle Informationen, um Rückschlüsse zu ziehen und seriöse Befunde zu erheben. Auch Kunst- und Kulturwerke aus der Zeit des *Jungpaläolithikums*[3] ca. 40.000–10.000 v. Chr. wie beispielsweise der *„Löwenmensch vom Hohlenstein",* eine aus Elfenbein geschnitzte Figur mit menschlichem Körper und dem Kopf und den Extremitäten eines Höhlenlöwen, weisen auf mögliche Kulthandlungen und eine spezifische Kosmologie hin (vgl.

---

[2]   https://de.wikipedia.org/wiki/H%C3%B6hle_von_Lascaux
[3]   https://de.wikipedia.org/wiki/Jungpal%C3%A4olithikum

Höffgen, 2016, S. 12). Jüngere Ausgrabungen einer Begräbnisstätte, *„Bestattung von Bad Dürrenberg"[4]*, im heutigen Deutschland aus dem Mesolithikum (ca. 10.000–5.000 v. Chr.), zeigen aufwendige Arrangements an Bestattungsszenarien mit wertvollen Grabbeigaben und Alltagsgegenständen (ebd.) – Dinge, welche offensichtlich auf ein mögliches Leben nach dem physischen Tod hinweisen und in diesem Sinne dem Verstorbenen mit auf die Reise in eine andere Welt physisch mitgegeben wurden. Diese Hinweise auf einen möglichen Übergang eines existierenden unsterblichen Wesenskerns des Menschen lassen auf die damals bereits vorhandene Unterscheidung zwischen physischem und metaphysischem Weltbild schließen.

Bucher verweist in diesem Zusammenhang auf Spiritualität als Evolutionsvorteil, indem das Individuum durch rituelle, das Bewusstsein erweiternde Praktiken neurologische Prozesse wie etwa die Ausschüttung von Opiaten im Gehirn auslöst und somit Erfahrungen von Geborgenheit, Optimismus und Erfahrungen des Einsseins induziert. Diese Prozesse stärken das Immunsystem und unterstützen das Individuum in der Auseinandersetzung mit der Unausweichlichkeit der eigenen Vergänglichkeit. Hierin zeigt sich Spiritualität als komplexe Gehirnfunktion und liefert Erklärungsansätze für die Wirkungsweise schamanistischer Praktiken, welche zumindest seit 30.000 Jahren nachweisbar sind, und verdeutlicht, dass das Phänomen der Spiritualität als anthropologische Grundkonstante verstanden werden muss (vgl. Bucher, Anton A.: *Psychologie der Spiritualität*, Beltz Verlag, Weinheim Basel, 2. 2014, S.27).

In jüngerer Zeit zeichnet sich ein deutlicher Paradigmenwechsel ab in welchem die etablierten Religionsgemeinschaften zunehmend an Anhängern verlieren, da das Individuum sich vermehrt um persönliche spirituelle Erfahrungen und Eigenverantwortung in Glaubensfragen bemüht und somit auch die Wissenschaft aufgerufen ist, der Thematik entsprechende Aufmerksamkeit zukommen zu lassen. Spiritualität ist somit nicht mehr nur das Feld der Theologie, sondern erfährt eine Art Renaissance in unterschiedlichen Fachbereichen von Humanmedizin über Biologie bis hin zu eher technischen Disziplinen wie etwa der Quantenphysik. (vgl. Heusser, Peter: „Europäische Geistesgeschichte, neuere Spiritualität und Wissenschaft", in: Büssing, Arndt; Kohls, Niko (Hrsg.): *Spiritualiät transdisziplinär: Wissenschaftliche Grundlagen im Zusammenhang mit Gesundheit und Krankheit*, Springer-Verlag, Berlin Heidelberg, 2011, S.13–21).

---

[4]   https://de.wikipedia.org/wiki/Bestattung_von_Bad_D%C3%BCrrenberg

2.2 Theorien

Ausgehend von *Wolfgang Klafkis* **Theorie der kritisch-konstruktiven Erziehungswissenschaft** unternehme ich den Versuch der Herstellung notwendiger Relevanzbezüge durch die Verknüpfung mit weiteren Theorien der Natur- und Geisteswissenschaften: zum einen die **Feldtheorie** *Kurt Lewins*, welche die psychologischen Komponenten des Menschenbildes und dessen Bestrebungen fundierter beleuchten und im weiteren Schritt, durch *Viktor Frankls* **Logotherapie** und deren Ansätze des **Willens zum Sinn** erweitert werden.

Um die Kategorie bzw. den Faktor der **Verbundenheit** aufzugreifen und auf eine nachvollziehbare Basis zu stellen, ziehe ich die Arbeiten des Biologen *Rupert Sheldrake* und seiner Theorie der **Morphogenetischen Felder**, *Clemens G. Arvays* Theorie des **Biophilia-Effektes** und *Dieter Broers* Arbeit zu elektromagnetischen Feldern und der Quantenphysik heran, welche durch weitere Inhalte aus *Ulrich Warnkes* **Quantenphilosophie** ergänzt werden und die Potentiale eines erweiterten Welt- und Menschenbildes verständlich zu machen vermögen. Die Bezüge zu diesen naturwissenschaftlichen Disziplinen sind insofern relevant, als dass sie auf Basis empirischer und gemessener Daten zum Verständnis von **Verbundenheit** abseits der schwermessbaren, emotionalen Prozesse beitragen.

Abgerundet werden diese Teilkomponenten durch eine Bezugnahme auf soziologische Aspekte, welche für die Skizzierung eines zeitgemäßen spirituellen Welt- und Menschenbildes für die pädagogische Arbeit Verwendung finden.

2.3 Methodik

Für die hier vorliegende Arbeit orientiere ich mich an folgender Forschungsfrage:

> Worin liegt der potentielle Nutzen eines durch Spiritualität erweiterten Welt- und Menschenbildes für die pädagogische Praxis und als Ausgleich zur fortschreitenden Entfremdung des Menschen von der Natur?

Um auf diese Forschungsfrage eine adäquate Antwort zu liefern und Relevanzbezüge zur Arbeit in pädagogischen Tätigkeitsfeldern herzustellen, werden vorliegende Forschungsergebnisse aus verschiedenen Wissenschaftsdisziplinen herangezogen und miteinander verglichen. Im Sinne der hermeneutischen Methodik nach *Wilhelm Diltey* werden diese Forschungsergebnisse auf deren Verwertbarkeit für die Bildungsarbeit und zur Erweiterung vorliegender Welt- und Menschenbilder beleuchtet und in Zusammenhang zur Forschungsfrage gesetzt.

Obwohl das Phänomen Spiritualität in seiner Beschaffenheit als eher subjektives Erfahrungswissen zu betrachten ist, lässt sich durch die allen Menschen immanente Befähigung zu spiritueller Erfahrung aus hermeneutischer Sicht eine adäquate Deutung über die Relevanz für die pädagogische Arbeit ableiten.

Folgende Begriffe werden in dieser Arbeit zur Herstellung wesentlicher Relevanzbezüge herangezogen und bedürfen der vorherigen Definition:

Glauben

Für-Wahr-Halten eines bestimmten Sachverhalts ohne wissenschaftlich-methodische Belege, auf kognitiver Wahrnehmung basierender Einsicht oder persönlicher Erfahrung sowie eine Grundhaltung des Vertrauens, des für möglich und wahrscheinlich Haltens[5].

Wissen

die Gesamtheit an Kenntnissen auf einem bestimmten Gebiet, welche für eine Person oder eine Gruppe verfügbar ist und auf Basis von Informationen, Fakten und Erfahrungen als gesichert gilt[6].

Spiritualität

das Verständnis und die Bewusstheit über die Verbundenheit des individuellen Selbst mit der sozialen Mitwelt, dem Kosmos und der Natur, respektive der Schöpfung in seiner Gesamtheit[7] (tiefergehende Explikation im Folgekapitel **ANM.**)

Verbundenheit

das Gefühl einer anderen Person oder Personengruppe zugehörig zu sein und in einer gegenseitig vertrauensvollen Beziehung zu stehen – dieses Gefühl gilt als eines der vier Grundbedürfnisse (Eigenwert, Freiheit, Bedürfnis, geliebt zu werden) nach *Friedemann Schulz von Thun*[8].

---

[5]   https://de.wikipedia.org/wiki/Glauben

[6]   https://de.wikipedia.org/wiki/Wissen

[7]   https://de.wikipedia.org/wiki/Spiritualit%C3%A4t

[8]   https://de.wikipedia.org/wiki/Verbundenheit

Sinn

das Erzeugen einer inneren Ordnung über die Komplexität der Welt durch das Individuum als System und das dadurch „laufende Aktualisieren der Möglichkeiten" (Niklas Luhmann)[9]

Entfremdung

der Zustand der fortschreitenden, aber auch finalen Auflösung, einer natürlich gewachsenen, ursprünglichen Beziehung zu sich selbst, anderen Individuen und Sachverhalten, sowie zur Natur[10]

Gesellschaft

die auf Basis von zuvor festgelegten Regeln und Rahmenbedingungen bestehende Gesamtheit an natürlichen und juristischen Personen in einem auf eine bestimmte Region oder gemeinsame Strukturen begrenzten Raum[11]

Natur

die Gesamtheit der Flora, Fauna und sonstigen, nicht vom Menschen manipulierten oder geschaffenen materiellen und immateriellen Komponenten des Ökosystems Planet Erde[12]

Gesamtgesellschaftliche Verwerfungen/Probleme/Herausforderungen

zeigen sich in den aktuellen gesellschaftlichen Themen wie etwa der Klima-, Migrations- und Finanzkrise, zunehmendem Rassismus (nicht nur in Europa) und totalitärem Kapitalismus, militärischen Konflikten in ressourcenreichen Regionen, Nebenwirkungen der Digitalisierung bis hin zum uferlosen Konsumismus und den daraus sich generierenden Erschöpfungszuständen und gesellschaftlichen Zersetzungsprozessen einer auf Kosten des global vernetzten Ökosystems (Han 2014, 2018, 2019, Mausfeld 2018, 2019, Welzer 2018)

---

[9]   https://de.wikipedia.org/wiki/Sinn_(Philosophie)

[10]   https://de.wikipedia.org/wiki/Entfremdung

[11]   https://de.wikipedia.org/wiki/Gesellschaft_(Soziologie)

[12]   https://de.wikipedia.org/wiki/Natur

3 Spiritualität – was ist das?

Wenn von Spiritualität die Rede ist, kommen entweder Assoziationen mit Religi-onsgemeinschaften oder aber auch Vorstellungen von esoterischen und sektenähn-lichen Gemeinschaften in den Sinn. Dass das Phänomen der Spiritualität zum einen eine äußerst lange Geschichte im Rahmen der Menschheitsgeschichte aufweist und gleichsam als Konstante im kulturellen Zusammenleben der Menschen bis zu den ältesten archäologischen Ausgrabungen zurück zu verfolgen ist, weist darauf hin, dass es sich hierbei um ein ernstzunehmendes Thema von hoher Relevanz handelt.

Betrachtet man das Phänomen von wissenschaftlicher Basis aus, sind es vor allem die Human- und Geisteswissenschaften, welche in puncto Forschung bisher die se-riösesten Ergebnisse hervorgebracht haben. Diese sind vor allem die Humanmedi-zin und die Psychologie, aber auch naturwissenschaftliche Disziplinen wie die Bio-logie und deren Teilbereiche fördern vermehrt Forschungsergebnisse zutage, wel-che auf im Hintergrund wirkende und alles verbindende Mechanismen hinweisen. Der Fachbereich der Theologie sei an dieser Stelle natürlich auch nicht vergessen, wenngleich dieser sich stark an den überlieferten Schriften der etablierten Religi-onsgemeinschaften orientiert.

Eine Schwierigkeit, die hier bereits angedeutet wird, ist es, eine konsensfähige De-finition des Phänomens Spiritualität herauszuarbeiten, an welcher tragfähige The-orien generiert und für weitere Forschungsarbeit verwertbar gemacht werden können. Weiters konnte bisher nicht ausreichend geklärt werden, welche Wissen-schaftsdisziplin für die Erforschung und Vermittlung des Phänomens zuständig wäre (vgl. Wilkening, Karin: „Zur Begriffsbestimmung von Spiritualität – eine expe-rimentelle, integrativ-abgleichende Gegenüberstellung von zwei Definitionen", in: Büssing, Arndt; Kohls, Niko (Hrsg.): *Spiritualität transdisziplinär: Wissenschaftliche Grundlagen im Zusammenhang mit Gesundheit und Krankheit*, Springer-Verlag, Ber-lin Heidelberg, 2011, S.37–51).

Dennoch finden sich in den genannten Disziplinen der Human- und Geisteswissen-schaften ausreichend Befunde, um eine angemessene Definition zur Klärung der Relevanz der Spiritualität in der Erziehung und Bildung zu skizzieren und darzule-gen. Der im weiteren Verlauf folgenden Auseinandersetzung mit der Thematik, liegt die vonWilkening ausgearbeitete Synthese (Definition C) zweier Definitionen (Definition A und B) zugrunde:

Definition A (Büssing/Ostermann 2004)

„Mit dem Begriff Spiritualität wird eine nach Sinn und Bedeutung suchende Lebenseinstellung bezeichnet, bei der sich der/die Suchende ihres „göttlichen Ursprungs bewusst ist (wobei sowohl ein transzendentes als auch ein immanentes göttliches Sein
gemeint sein kann, z. B. Gott, Allah, JHW, Tao, Brahman, Prajna, All-Eines u. a.) um
eine Verbundenheit mit anderen, mit der Natur, mit dem Göttlichen usw. spürt. Aus
diesem Bewusstsein heraus bemüht er/sie sich um die konkrete Verwirklichung der
Lehren, Erfahrungen oder Einsicht, was unmittelbare Auswirkungen auf die Lebensführung und die ethischen Bezüge hat."

(ebd.).

Hier finden sich der deutliche Hinweis auf eine Suche nach **Sinn und Bedeutung**
als grundlegende Lebenseinstellung und weiters die Bemühungen um eine Erfahrung der **Verbundenheit** bzw. des Eingebunden-Seins in ein größeres Ganzes bestehend aus sozialen, ökologischen und transzendenten Komponenten. In der Umsetzung der Bemühungen finden sich die Orientierung an schriftlichen Regelwer-
ken aber auch Erfahrungen und/oder Einsichten des Individuums und deren Auswirkungen auf dessen Habitus und Weltbild.

Definition B (Steinmann 2008)

„Spiritualität kann als positiver Grundwert, als eigene existentielle Dimension des
Menschseins definiert werden, die getragen ist von Sehnsucht nach Lebenserfüllung
und Sinnerfahrung jenseits von Leben und Tod. Sie manifestiert sich in einem individuellen dynamischen Entwicklungs- und Bewusstseinsprozess in allen Lebensphasen und Lebensbereichen, in verschiedenen Lebensweisen und Lebensorientierun-
gen und verbindet über die innere Erfahrung einer transzendenten Wirklichkeit mit
Umfeld und Umwelt."

(ebd.).

In dieser von Steinmann skizzierten Definition finden sich überwiegend transzen-
dente Komponenten und die Beschreibung der Spiritualität als Kondensat eines
Entwicklungsprozesses der **Bewusstwerdung**,weiters als eine dem Menschsein
zugeschriebene existentielle Dimension an Grundwerten, getrieben durch eine
Sehnsucht nach **Sinnerfahrung** und **Lebenserfüllung.**

Diese verschmelzen in Wilkenings Gegenüberstellung und Synthese zu folgender:

Definition C (Wilkening 2011)

„Mit dem Begriff Spiritualität wird eine nach Sinn und Bedeutung suchende Lebenseinstellung bezeichnet, bei der sich der/die Suchende *seines (…)*ihres „göttlichen" Ursprungs *und Teilhabe(…)*bewusst*wird (…)*(wobei sowohl ein transzendentes als auch
ein immanentes göttliches Sein gemeint sein kann, z. B. Gott, Allah, JHWH *(…)*, Tao,
Brahman, Prajna, All-Eines u. a.) und eine Verbundenheit mit anderen, mit der *beleb-
ten und unbelebten (…)*Natur, mit dem Göttlichen, *Absoluten, reinen Sein (…)*usw.
spürt. Aus diesem Bewusstsein heraus bemüht er/sie sich um die konkrete Verwirklichung der Lehren, Erfahrungen oder Einsichten, was unmittelbare Auswirkungen
auf die Lebensführung und die ethischen Bezüge *in allen Lebensphasen und Lebensbereichen (…)* hat. *Damit verbunden ist ein individueller Entwicklungs- und Bewusstseinsprozess, in dem der/die Suchende sich der spirituellen Dimension seines/ihres Menschseins als universal, existentiell und sinngebend bewusst wird (…).*"

(ebd.).

Wilkening weist im Anschluss auf die Überlappungen und sich wechselseitig ergän-
zenden Komponenten, aber auch auf die zu kritisierenden Aspekte der dargestellten Definitionen und der von ihr vorgenommenen Synthese hin, welche die Notwendigkeit einer Eingrenzung des Phänomens auf die folgenden zentralen Komponenten für den weiteren Verlauf dieser Arbeit deutlich machen:

In der Gegenüberstellung von Religion und Spiritualität zeigen sich deutlich die unterschiedlichen Formen der Ausübung. Religion wird vermehrt in Gemeinschaften
und gemeinsamen Aktivitäten gelebt, wohingegen Spiritualität stark an persönlicher Erfahrung und eigenverantwortlichem Praktizieren zu erkennen ist. Der Spi-
ritualitätsbegriff und dessen Verständnis für die weiteren Ausführungen konstituiert sich somit aus den folgenden drei zentralen Komponenten:

1. Sinn-erfahrung
2. Verbundenheits-empfinden
3. Entwicklungsprozess der Bewusstwerdung und Erfüllung durch Handlungen

Ein weiterer wichtiger Impuls in Wilkenings Arbeit ergibt sich aus dem Hinweis,
dass die Suche nach spirituellen Erfahrungen durchaus auch von nichtintendierten
Ereignissen äußerer Einwirkung begleitet ist (Wilkening 2011 in Bezug auf Steinmann 2008 und Renz 2003). Wilkening beschreibt dies als *„äußeres Wirken"* auf
das *„Innere" des Suchenden (…), „ohne dass es aber einforderbar wäre."*, was auf

mögliche Rückmeldungsschleifen durch die beschriebene „Verbundenheit" aus der Umwelt bereits hinweist und im weiteren Verlauf anhand naturwissenschaftlicher Forschungsergebnisse aufgegriffen und verständlicher wird.

Um entsprechender Vollständigkeit und Klarheit betreffend Definition des Phänomens Spiritualität Rechnung zu tragen, ist hierin die Abgrenzung zur Religion bzw. Religiosität notwendig. *Bucher* weist in seiner Arbeit *Psychologie der Spiritualität* (2014) sowohl auf Überschneidungen als auch auf wesentliche Unterscheidungsmerkmale beider Konstrukte hin. Hierin zeigt sich deutlich, dass das Verständnis von Spiritualität maßgeblich auf individueller Erfahrung und Praxis beruht und als offene und integrierende Grundhaltung verstanden wird,wohingegen Religiosität mit Faktoren wie Institutionalisierung, Dogmatismus und Reglementierung in Verbindung gebracht und aufgrund postulierten exklusiven Wahrheitsansprüchen als eher unattraktiv empfunden wird. (vgl. Bucher, Anton A.: *Psychologie der Spiritualität*, Beltz Verlag, Weinheim Basel, 2. 2014, S.61–69).

Ruschmann weist in seiner Auseinandersetzung mit *spirituellen Erfahrungen und Konzepten* (2011) auf die strukturelle Beschaffenheit der Spiritualität als *individueller Lebensphilosophie* hin. Er empfiehlt die grundsätzliche Einbettung in die Philosophie aufgrund ihrer systematischen Beschaffenheit, welche als ein mit angemessenen Metakonzepten wie Ethik, Metaphysik, Anthropologie und Ontologie ausgestatteter Rahmen für Spiritualität und Sinnkonstitution geeignet sei.

> „Metatheoretische Überlegungen sind vor allem deshalb bedeutsam, weil in Definitionen von „Spiritualität" häufig Aspekte humanistischer Sinnkonstitution (z. B. Verbundenheit mit anderen Menschen sowie der Natur) mit einbezogen sind; insofern ist eine klare Abgrenzung von „Sinnressourcen", die transzendenzbezogen sind, von solchen, die „horizontal" („diesseitig", „immanent") ausgerichtet sind, von Bedeutung, und dafür bedarf es eines philosophischen/ideengeschichtlichen Hintergrundes"
>
> (Ruschmann, Eckart: „Spirituelle Erfahrungen und Konzepte" in: Arndt Büssing, Niko Kohls (Hg.): Spiritualität transdisziplinär: Wissenschaftliche Grundlagen im Zusammenhang mit Gesundheit und Krankheit, Springer-Verlag, Berlin Heidelberg, 2011, S.93–106).

3.1 Spiritualität und Bildungsarbeit – eine kurze Retrospektive

Ausgehend von *Wolfgang Klafkis* Verständnis des Begriffes der Bildung als *erkennt-nisleitendes Interesse* der Erziehungswissenschaft, ordnet er dieser eine doppelte Bedeutung zu:zum einen als *kritische* Wissenschaft, welche erkennt, dass die von der Gesellschaft produzierte Erziehungswirklichkeit als inadäquat und diametral entgegenwirkend zur Förderung und Erreichung der eigentlichen Bildungsziele zu betrachten ist. Hierin ergibt sich die Notwendigkeit der Erforschung und der kriti-schen Auseinandersetzung mit dieser fundamentalen Diskrepanz, wodurch die Er-ziehungswissenschaft damit auch zu gesellschaftspolitischer Verantwortung ge-langt;zum anderen in der Anforderung zu *konstruktiver* Weiterentwicklung, um bessere Rahmenbedingungen und Strukturen zur Bereitstellung eines günstigen Bildungsrahmens für die Erziehungs- und Bildungswirklichkeit zu ermöglichen. (vgl. Lischewski, Andreas: *Meilensteine der Pädagogik*, Alfred Kröner Verlag, 2014, S.454ff.).

Eine derartige *kritisch-konstruktive* Erziehungswissenschaft sei in der Lage *„gesell-schaftsaffirmative Positionen"* der geisteswissenschaftlich-aufklärenden Herme-neutik und der empirischen Erziehungswissenschaften zu überwinden (ebd.). Wei-ters müsse diese Erziehungswissenschaft *„alle unterrichtlichen Lehr- und Lernpro-zesse der Frage aussetzen, ob und inwieweit sie die Selbst- und Mitbestimmungsfä-higkeit der jeweiligen Schüler sowie ihre Solidarität untereinander befördern."* (ebd.). Diese grundlegenden Maximen unterstreichen die Notwendigkeit der Heranbil-dung mündiger Bürger und deren Fähigkeit zu einem reflektierten Verhältnis ge-genüber sich selbst, ihrer sozialen Umwelt und dem ökologischen Rahmen, in dem sie sich befinden.

Die Kernthesen Klafkis Theorie beziehen sich auf die Förderung der Chancen-gleichheit durch den Abbau von Selektionsmechanismen, welche eine *Bildung für alle* verhindern, die Schaffung eines allgemeinen Bewusstseins für aktuelle Heraus-forderungen und Probleme wie etwa Umweltschutz, Friedenssicherung und Digi-talisierung, als auch die Förderung des Menschen in seinen ethischen, politischen und sozialen Interessen und Potentialen (ebd.). Sowohl die Frage nach sinntheore-tischen Belangen gesamtgesellschaftlicher Entwicklungen als auch die immanent vorhandene Verbundenheit zwischen Individuum und Umwelt zeichnen sich hier deutlich ab.

Dem Individuum in seiner Entwicklung zu einer vollständigen Persönlichkeit, ganz im Sinne *Johann Gottlieb Fichtes* „Bildung des Geistes", soll somit der Rahmen geboten werden, um als Erschaffer seiner Selbst, in der Herstellung einer Harmonie zwischen „Herz, Geist und Hand" (Pestalozzi) selbst-tätig sein zu können, und Anteil an gemeinschaftlichen Prozessen innerhalb seiner Lebenswelt zu nehmen. Diese in der klassisch-idealistischen Epoche (ca. 1770–1830) geprägte anthropologische Grundkonstante bringt nun die Unterscheidung zwischen dem *Ich* als dem vor der Summe aller erzieherischen Maßnahmen und Prägungen Seiende „Werk der Natur" (Pestalozzi) und dem *Selbst* als das Gewordene und vom Ich wahrgenommene, mit Sinn und Bedeutung ausgestattete Teilstück in Beziehung und Verbundenheit zu seiner Umwelt (vgl. Lischewski, 2014, S.183ff.).

Diese Trennung in zwei sich gegenseitig bedingende Entitäten ein und desselben Individuums kann ausschließlich als Bewusstseinsakt im Geiste vorgenommen werden und weist auf den Geist als den Ausgangspunkt jeglicher Schaffensprozesse hin. *Fichte* spricht hier von einem absoluten, transzendenten und von einem endlichen Ich, welches sich als Produkt seiner bisherigen Bildungs- und Erziehungslaufbahn erkennt und im weiteren Verlauf, als sich ständig verändernder und weiterentwickelnder Teil das Verständnis seiner Lebenswelt verändert (ebd.).

Diese Ausdifferenzierung zweier in ein und demselben Individuum entspringenden Entitäten wird von Hegel in seiner *Phänomenologie des Geistes* aufgegriffen und weiterentwickelt indem er die beiden *Ich-Begriffe* durch den Prozess der Selbstbewusst-Werdung voneinander trennt. Zum einen in das *Ich* als Akteur für die Entäußerung und Vergegenständlichung vom *absoluten Geist* (bloßes *Sein*), und das um diesen Prozess der *Entfremdung* und Bewusstwerdung wissende *Selbst,* das sich seiner Trennung vom absoluten Sein *bewusst* wird und dadurch nach *Versöhnung* und *Wiedervereinigung* strebt.

Um entsprechende Klarheit in die Begrifflichkeiten zu bringen verwendet Hegel in weiterer Folge die Bezeichnungen *subjektiver* und *objektiver Geist.* Diese stehen sich gegenüber als das von Begierden und Willkür getriebene subjektive *Ich,* dass sich durch weitere Bildungsanstrengungen zum objektiven *Selbst* entwickelt und sich ausgestattet mit einer spezifischen Stellung in der Gesamtheit der „*sittlichen Gesellschaft*" wiederfindet (vgl. Lischewski, 2014, S. 190–191).

Johann Heinrich Pestalozzi unterteilt diesen Prozess des Selbstwerdung in drei Stufen welche sich wie folgt darstellen:

> Im **Naturzustand** ist der Mensch getrieben von natürlichen Instinkten, deren Notwendigkeit er folgt, welche sich jedoch von der harmlosen Bedürfnisbefriedigung zu einer Absolutierung seiner Bedürfnisse entwickle und somit den Wechsel inden

> **Gesellschaftlichen Zustand**notwendig mache. In diesem werde er durch die Anwendung von Recht und Gesetz als Bürger eines Staates zur Zusammenarbeit und Vereinigung mit seinen Mitmenschen angeleitet. Da jedoch auch hier nicht sichergestellt sei, dass der so *„vergesellschaftete Mensch"* seine Beziehungen und seine Stellung nicht zur Bedürfnisbefriedigung missbrauche, sei der nächste Schritt in den

> **Sittlichen Zustand** notwendig. Dieser erst garantiere dem Menschen *„die Freiheit sich als „Werk seiner selbst" zu gestalten* und das begründe die Bewusstheit, dass sowohl *„die Umstände den Menschen"*, als auch *„der Mensch die Umstände"* gestalte.

Diesen finalen Zustand bezeichnet Pestalozzi als Zustand der *„sittlichen Wahrheit"* aus Harmonie von *„Natur, Gesellschaft und Sittlichkeit"* (Lischewski, Andreas: *Meilensteine der Pädagogik*, Alfred Kröner Verlag, 2014, S. 200–201).

An diesen drei Kategorien lassen sich nun die drei Komponenten der Spiritualität mit der Bildungsarbeit und Pädagogik in Verbindung setzen.

- die Natur und der Naturzustand des Menschen als Ausgangspunkt für den Entwicklungsprozess der Bewusstwerdung durch die Befriedigung von Bedürfnissen durch Handlungen als Weg zur Erfüllung
- die Gesellschaft als Ordnungsstruktur des Zusammenlebens, durch welche sich die Individuen in ihrer Verbundenheit als voneinander abhängig und überhaupt als Gesellschaft begreifen
- die Sittlichkeit in Form von Verhaltensnormen, welche sich durch die Bewusstwerdung über die Sinnhaftigkeit ihrer Mechanismen entlang des Evolutionsverlaufs entwickelt

Nun gilt es zu klären, wie sich diese drei Kategorien in ihrer Beschaffenheit aus natur- und geisteswissenschaftlicher Sicht erklären und adäquat verifizieren lassen und in weiterer Folge im Rahmen pädagogischer Praxis verwertbar gemacht werden können.

3.2 Spiritualität, ein Grundbedürfnis?

Das Bedürfnis nach Spiritualität wird in aktuellen Forschungsergebnissen (Pertner 2008 & Bucher 2007) als handlungsleitendes Grundbedürfnis bezeichnet, welches in einer bestimmten Art der Lebensphilosophie zum Ausdruck kommt und durch Übung und Praxis weiterentwickelt werden kann. (vgl. Ruhlandin Büssing & Kohls (Hg.): *Spiritualität transdisziplinär*, Springer-Verlag, Berlin Heidelberg 2011, S.197–213). Die Befriedigung von Bedürfnissen als grundlegende Handlungsmotivation führt unweigerlich in den Bereich der Psychologie.

Die Thematik der Grundbedürfnisse führt uns zu Abraham Maslow und seiner Bedürfnispyramide, welche er in den 1940er- und 50er-Jahren in seinen Theorien zu Motivation und Persönlichkeit veröffentlichte. Die von Maslow definierte pyramidale Hierarchie besteht an der Basis aus den physiologischen, sozialen und sicherheitsbezogenen Grundbedürfnissen wie etwa Nahrung, Kleidung, Wohnung und sozialer Eingebundenheit. Diesen zum Überleben notwendigen Basisbedürfnissen übergeordnet, finden sich die individuellen, kognitiven und ästhetischen Bedürfnisse, welche zunehmend unabhängig von materiellen Komponenten sind. Den Gipfel der Pyramide stellen die beiden Bedürfnisse nach Selbstverwirklichung und seit der Überarbeitung und Erweiterung 1970 die Transzendenz dar[13]. Diese Selbst-Transzendenz im Sinne der Abwendung vom Ego und Hinwendung zu etwas anderem und zu anderen, gilt als die Basisvoraussetzung für Verbundenheit (Bucher, 2. 2014, S. 37).

Um nun entsprechende Befriedigung der Bedürfnisse herbeizuführen bedarf es der Handlung, und folglich stellen die unterschiedlichen Bedürfnisse und deren Befriedigung Handlungsziele dar. Die Bestrebung, die unterschiedlichen Bedürfnisse entsprechend ihrer Hierarchie aufeinander aufbauend zu befriedigen, muss als die treibende Kraft hinter dem menschlichen Streben verstanden werden.

Als eine für den ersten Schritt in der Auseinandersetzung mit den Handlungszielen des menschlichen Strebens geeignete Theorie hierfür sehe ich Kurt Lewins Feldtheorie.

Lewins Feldtheorie basiert in ihren Grundzügen auf einem Modell der Wechselwirkung zwischen Person (P) und Umwelt (U) welche er analog zur Systemtheorie als „Bereich, der unter dem Gesichtspunkt seines Zustandes, insbesondere seines Spannungszustandes, betrachtet wird" (Lewin, Kurt in: Lück, Helmut E.: Kurt Lewin – eine Einführung in sein Werk, Beltz-Verlag, Weinheim Basel, 2001, S. 83). Gemäß Lewins Theorie besteht die Person respektive das Individuum als zur Außenwelt hin abgegrenzter Bereich aus verschiedenen Feldern, welche für die unterschiedlichen Handlungsziele stehen. Diese Handlungsziele weisen in sich unterschiedliche Valenzen[14] (Wertigkeiten) auf und stehen in unterschiedlichem Maße sowohl als Feld als auch als aus verschiedenen Feldern in Zusammenhang stehende Systeme unter Spannung (ebd.).

---

[13] https://de.wikipedia.org/wiki/Maslowsche_Bed%C3%BCrfnishierarchie
[14] https://www.spektrum.de/lexikon/psychologie/valenz/16097

Diese Spannungen werden durch Bedürfnisse und Quasi-Bedürfnisse erzeugt und drängen das Individuum zur Handlung. Ziel des Individuums ist entweder ein entsprechender Spannungsabbau, welcher durch die Überschreitung der Grenze des Individuums durch Handlung und Kommunikation ermöglicht wird, oder aber einen inneren Spannungsausgleich herbeizuführen, welcher durch die Durchlässigkeit der Felder auf das Gesamtsystem übertragen wird. Der Spannungszustand eines einzelnen oder mehrerer Felder, sofern dieser nicht abgebaut wird, überträgt sich somit auf das Gesamtsystem und führt zu einem subjektiven Belastungserleben des Individuums (vgl. Lück, Helmut E.: Kurt Lewin – eine Einführung in sein Werk, Beltz-Verlag, Weinheim Basel, 2001, S. 82–84).

Eben diese Spannungszustände innerhalb des Individuums, deren Abbau oder aber auch die Verlagerung auf andere Felder durch Handlungendieser Mensch anstrebt, bezeichnet Viktor Frankl in seinem Konzept der Logotherapie und Existenzanalyse als Noodynamik.

> ANM.: Der Begriff „Noos" bzw. „Noosphäre"15 wird ursprünglich der Philosophie und den Naturwissenschaften zugeschrieben und bezeichnet die Sphäre des menschlichen Geistes und Verstandes. Hierin finden wir den Hinweis für die Trennung zwischen dem Geist in welchem sich der Verstand als konditionierter Mechanismus von Denkweisen und Weltbildern darstellt.

Weiters legt Frankl den Willen zum Sinn als fundamentalen „Spannungszustand" für dessen Bestrebung zur Handlung und Weiterentwicklung zugrunde. Als maßgebliche Komponente des Phänomens Spiritualität bedarf dieser „Sinn" der näheren Betrachtung aus dem Verständnis Viktor Frankls Konzept der Logotherapie und Existenzanalyse (vgl. Frankl, Viktor E. (2015): Grundkonzepte der Logotherapie, S. 14ff., Übers. von Franz Vesely, Facultas Verlag, Österreich, Original erschienen 1946 in: Man's Search For Meaning). Aus dieser Explikation wird zum einen die „Verbundenheit" der verschiedenen Felder im Inneren des Individuums ersichtlich, andererseits aber auch die Notwendigkeit der Verbundenheit über die strukturellen Grenzen des Individuums hinaus, um der Befriedigung der Bedürfnisse, ganz gleich ob psychologischer oder materieller Natur, durch entsprechende Handlungen Rechnung zu tragen. Weiters zeigt sich die zweite Komponente „Sinn" als psychodynamische Komponente des menschlichen Geistes.

---

15 https://de.wikipedia.org/wiki/Noosph%C3%A4re

3.3 Spiritualität als Sinn

> „Das Wesen der menschlichen Existenz liegt in deren Selbsttranszendenz, (...)
> Mensch sein heißt immer schon ausgerichtet und hingeordnet sein auf etwas oder
> auf jemanden, hingegeben sein an ein Werk, dem sich der Mensch widmet, an einen
> Menschen, den er liebt, oder an Gott, dem er dient.“
>
> (Frankl, Viktor E.: Der Mensch vor der Frage nach dem Sinn, Piper, München Berlin,
> 29. 2017, S. 26)

Viktor Frankls Konzept der Logotherapie und Existenzanalyse gilt als die Dritte
Wiener Schule der Psychotherapie. Neben Siegmund Freuds Konzept der Trieb-
lehre (Wille zur Lust) und Alfred Adlers Konzept der Individualpsychologie (Wille
zur Macht) charakterisiert sich Frankls Konzept durch den Willen zum Sinn. Die
zentralen Begriffe Frankls Logotherapie und Existenzanalyse sind neben dem Sinn
die Selbsttranszendenz und die Selbstdistanzierung, welche in ihrer Entsprechung
als Transzendierung des Egos (vgl. Bucher, 2014, S. 36f.) und somit als eine das
Phänomen Spiritualität konstituierende Komponente erkennbar werden.

Vorliegende Forschungsergebnisse, welche in Buchers Psychologie der Spiritualität zusammengetragen sind, weisen auf die Gewichtung von Sinn im Verständnis
von Spiritualität hin. Sinn sei grundlegend nicht an einen Glauben an einen bestimmten Gott oder an die Einbindung in einer Religionsgemeinschaft gebunden,
sondern zeige sich in einem Verständnis um den Zweck des Daseins und liefere
Antworten auf Fragen, die nur durch das Bewusstsein des „Einsseins“ mit einem
größeren Ganzen und als Teil eines übergeordneten Plans zu verstehen sind (vgl.
Bucher, 2014, S. 32–38.).

Die Arbeit Frankls beschäftigt sich mit dem modernen Menschen der Mitte des 19.
Jahrhunderts und seiner existenziellen Frustration, welche angesichts des über-
bordenden Konsumismus unserer modernen Gesellschaft der heutigen Zeit als
umso aktueller anmutet. Betrachtet man in welche größeren Gefüge der einzelne
Mensch eingebunden ist sehen wir, dass es sich um eine vom Kapitalismus geprägte
Struktur gesellschaftlichen Zusammenlebens handelt, deren alleiniger Sinn im weiteren wirtschaftlichen Wachstum begründet zu sein scheint und dies auch postu-
liert. Diese kapitalistische Gesellschaftsstruktur vermochte es sich, im Laufe der
letzten drei Jahrzehnte zu einem neoliberalen Gesellschaftsgefüge zu entwickeln,
welches geprägt von digitaler Vernetzung und Kommunikation und dem daraus
stetig ansteigenden Ressourcenverbrauch zu einem Ökozid von globaler Dimension auszuarten scheint.

Frankl weist in seiner Arbeit das Gewissen als Organ zur Generierung von Sinn aus, welches den Menschen auf seiner Suche nach dem einzigartigen Sinn in jeder Situation anleite. Inwieweit nun bezüglich der aktuellen gesellschaftlichen Herausforderungen von Sinn gesprochen werden kann ist zu hinterfragen. Es zeichnet sich ab, dass der moderne, neoliberal geprägte und nach immer mehr Profit strebende Mensch, sich selbst seiner Lebensgrundlage beraubt, indem nach immer mehr Profit gestrebt wird, ohne die Endlichkeit der vorhandenen Ressourcen auf diesem Planeten zu berücksichtigen. Wieviel Sinn lässt sich in diesem Wachstumswahn erkennen?

Der Mensch der heutigen Zeit befindet sich in einer freien Gesellschaft, die – unfreier denn je – den Menschen als Subjekt und als Unternehmer seiner selbst versteht. Der Berliner Philosph Byun-Chul Han weist in seiner Kritik des Neoliberalismus auf die Beschaffenheit der aktuellen Verhältnisse hin, in denen das Individuum als Projekt der Subjektivierung zum Subjekt der Selbstunterwerfung verkommen sei. Durch den ständigen, selbstauferlegten Leistungs- und Optimierungszwang des sich in Freiheit wähnenden Unternehmers seiner selbst, sei der Rahmen für Beziehungen nicht mehr durch beglückendes Zusammensein mit anderen, sondern von Zweckmäßigkeit geprägt. Er sieht die zunehmenden psychischen Erkrankungen wie etwa Depression und Burnout als Ausdruck einer tiefen Krise der Freiheit und bezeichnet das sich als frei wähnende Subjekt als absoluten Knecht (vgl. Han, Byung-Chul: Psychopolitik – Neoliberalismus und die neuen Machttechniken, S. Fischer, Frankfurt a. M., 5. 2014, S. 9ff.).

Die Konstruktion allfälliger Sinnzusammenhänge wird zunehmend nicht mehr vom Individuum selbst getätigt, sondern in Form von Moralvorstellungen durch die Massenmedien in die wahrgenommene Realität eingespielt. Diese so konstruierte Realität der Massenmedien (Luhmann) bestimme, wie die Welt gelesen wird und weist auf die Funktion der Massenmedien hin, welche im Dirigieren der Selbstbeobachtung des Gesellschaftssystems bestehe. Aus dem systemtheoretischen Ansatz Luhmanns versteht er Gesellschaft nicht als spezifisches Objekt unter anderen, sondern weist auf die Trennung der Welt in System (Gesellschaft) und Umwelt hin (vgl. Luhmann, Niklas: Die Realität der Massenmedien, Springer VS, Wiesbaden, 5. 2017, S. 98, 118). Weiters führt Luhmann aus, dass diese Selbstbeobachtung durch die Massenmedien – geprägt durch das „einen Kreislauf des Probleme-Erzeugens und Lösungen-Schaffens", die ihrerseits wieder Probleme generieren und Lösungen erfordern – einen permanenten Unruhezustand erzeuge, aus welchem die Massenmedien die Themen aufgreifen und daraus Information generieren (ebd. S. 97).

Dieser ständige, von den Massenmedien generierte Unruhezustand, bestehend aus den sich wiederholenden Informationen über Umweltprobleme, Ressourcenknappheit und dem damit einhergehenden Selbstoptimierungszwang, setzt das sinnsuchende Individuum unter Stress, aus welchem sich in weiterer Folge die bereits erwähnten psychischen Erkrankungen inkubieren können. Diese wiederum liefern den praktizierenden Psychotherapeuten genügend Patienten, die sich auf ihrer Suche nach Sinn und Bedeutung des Daseins, in einem existentiellen Vakuum (Frankl) wiederfinden und deren innere Spannungszustände angesichts der Dimensionierung persönlicher und kollektiver Herausforderungen sich nicht zum Voranstreben in Richtung Sinnerfüllung eignen, sondern zum unüberwindbar scheinenden gesundheitlichen Hindernis werden.

Doch auch in diesen unangenehmen Leidenszuständen erkennt Frankl Sinn. Der Sinn, welcher sich im Angesicht einer hoffnungslosen Situation erschließe, bestünde maßgeblich darin, dass sich das betroffene Individuum aufgrund der unveränderlichen Umstände zur Selbstveränderung entschließen müsse. Diese Fähigkeit, das bisherige Selbst durch Veränderung zu transzendieren, den Umständen selbst Sinn zuzuschreiben und dadurch zu neuen Einsichten und zu einer veränderten Grundhaltung zu gelangen, zeigt sich auch in unterschiedlichen Ergebnissen der Spiritualitätsforschung (vgl. Bucher, 2014, S. 35ff.).

Hier befindet sich auch die Brücke vom Sinn des Lebens hin zu Frankls „Über-Sinn", welcher durch die Beschränktheit des menschlichen Intellektes für das Individuum zwar nicht begreifbar, in Form eines von Spiritualität geprägten Glaubens aber durchaus fassbar sei. Auf dieser Stufe erkennen wir das Potential der Spiritualität, sich in Glauben und Vertrauen an höhere Gesetzmäßigkeiten den äußeren Umständen gleichmütig hinzugeben und diese auszuhalten, ja sogar Sinn darin zu finden und daraus Kraft zu persönlicher Veränderung zu schöpfen (vgl. Frankl, 2015, Grundkonzepte der Logotherapie, S. 39f.).

3.4 Spiritualität als Verbundenheit

Betrachtet man den Faktor Verbundenheit im Lichte der von Bucher zusammengetragenen Ergebnisse, so ist man mit unterschiedlichen Dimensionen konfrontiert: zum einen als Verbundenheit in einer vertikalen Dimension mit einer kosmischen Kraft oder dem was in unterschiedlichen religiösen Traditionen als Gott bezeichnet wird; zum anderen in einer horizontalen Dimension, als Verbundenheit mit der sozialen Mitwelt, der Natur und dem Kosmos (vgl. Bucher, 2014, S. 33). *„«Verbundenheit» schälte sich in fast allen qualitativen Studien als zentral heraus. Sie sei «die*

Essenz von Spiritualität» (Johnston et al., 2012), ihr «Kern» (Burkhardt & Nagai-Jacobson, 2002), und dies in allen Kulturen (Chiu et al., 2004, 420) (Bucher, 2014, S. 32).

Die Verbundenheit mit der sozialen Mitwelt wurde bereits mehrfach angedeutet, wenngleich sich diese inzwischen deutlich von der analogen Ebene der direkten Begegnung auf die digitale Ebene im virtuellen Raum verlagert hat. Diese „Digitale Verbundenheit" in Form von Kommunikation mittels technologischer Hilfsmittel wie Computer und Smartphone und allfälligen Auswirkungen aus deren übermäßiger Verwendung, wird in einem der folgenden Kapitel aufgegriffen und vertieft.

Die „Analoge Verbundenheit" in Form von direkten Gesprächen „face to face" aber auch telefonisch mit anderen Individuen, im weiteren Verlauf auch das Verbundenheitsgefühl beim Lesen von Texten und spezifischer Literatur, sind in der Lage im Menschen das Gefühl von Verbundenheit zu erzeugen. Dieses Gefühl der Verbundenheit ist ähnlich anderen Gefühlszuständen in seiner Grundstruktur ein neurochemischer Prozess im Gehirn. Die Erzeugung dieses Gefühls als Gehirnprozess ist allerdings nicht nur auf den analogen Kontakt zu anderen Individuen in der sozialen Mitwelt beschränkt, sondern auch in unterschiedlichen Rahmen der Auseinandersetzung mit der Umwelt in Form von Naturerfahrung und nicht zuletzt im Prozess der Introspektion mit sich selbst erfahrbar.

Besonders die Verbundenheit mit der Natur als Naturerfahrung und die damit in Zusammenhang stehenden empirischen Daten, welche Erklärungen zu diesen Prozessen liefern können, werden im Folgenden näher beleuchtet. Hierin werden Anhaltspunkte aus unterschiedlichen Fachbereichen der Biologie in Zusammenhang gesetzt, welche durch die Erweiterung mit Forschungsergebnissen aus Biophysik und Quantenphysik in der Lage sind, ein zeitgemäßes Verständnis um jene Tatsache zu begründen, wie „Alles mit Allem" verbunden ist.

3.4.1 Analoge Verbundenheit

Der britische Biologe *Rupert Sheldrake* beschäftigt sich seit Jahrzehnten mit dem Rätsel der biologischen Formenentstehung (Morphogenese). Im Rahmen seiner Forschungstätigkeit über die Morphogenese der Pflanzen entwickelte er die Theorie der *Morphogenetischen Felder* kurz *Morphischen Felder* (Sheldrake, Rupert: *Das Gedächtnis der Natur – Das Geheimnis der Entstehung der Formen*, Übers.von Jochen Lehner, Scherz Verlag, Frankfurt a. M., 2. 2016) und deren Wirkung auf die Entwicklung biologischen Lebens.

> „Morphische Felder sind, wie die bekannten Felder der Physik, nichtmaterielle Kraft-
> zonen, die sich im Raum ausbreiten und in der Zeit andauern. Sie befinden sich in-
> nerhalb und in der Umgebung des Systems, welches sie organisieren

(Sheldrake, 2. 2016, S. 15).

Diese Felder stehen aus seiner Sicht auch in Verbindung mit der Entwicklung von Tieren und schlussendlich auch dem Menschen bis hin zu gesamten Gesellschaftsgefügen. Aus diesen Feldern heraus werden die Informationen über die geplante Morphogenese (Formenentwicklung) an das jeweilige Struktursystem (Pflanze, Tier, Mensch, Gesellschaft) übertragen.

Die Essenz seiner Arbeit bezieht sich auf die informationelle Qualität dieser Felder, welche sich formgebend auf biologisches Leben auswirken, deren Ursprung bisweilen aber noch nicht adäquat geklärt werden konnte. Interessanterweise zeichnen sich diese Felder als Gewohnheitsfelder durch eine Art Gedächtnis aus, welches die jeweiligen Struktursysteme mit den Entwicklungsschritten vorangegangener Generationen verbindet und von diesem an das nächste weitergegeben wird (morphische Resonanz).

> „Das Konzept der morphischen Resonanz beinhaltet die Übertragung formativer
> Kausaleinflüsse durch Raum und Zeit. Der Erinnerungsgehalt eines morphischen Fel-
> des ist kumulativ, und das ist der Grund dafür, dass alle Dinge durch Wiederholung
> immer mehr den Charakter des Gewohnheitsmäßigen annehmen

(Sheldrake, 2. 2016, S. 15).

Dieser Ansatz würde erklären, inwieweit das Individuum Mensch von den Erfahrungen unserer Vorfahren, Eltern, Großeltern, deren Eltern usw. beeinflusst wird und erweitert auch die Perspektive der *Transgenerationalen Traumaweitergabe* (Zwitter-Grilc, 2018) um zusätzliche Aspekte. Auch findet die in unterschiedlichen spirituellen Traditionen praktizierte Ahnenverehrung als ritueller Prozess der Erhaltung dieser Verbindung einen seriösen Erklärungsansatz. (vgl. Sheldrake: *„Morphische Felder"*,unter: https://www.sheldrake.org/deutsch/morphische-felder (abgerufen am 05.10.2019, 14:36).

Weiters folgert Sheldrake daraus die sich über Milliarden von Jahren entwickelte, nahezu unveränderliche Natur der Dinge, welche sich aus diesen Wiederholungsprozessen habitualisiert habe und im Allgemeinen als „Naturgesetze" verstanden würde. Dennoch steht seine Theorie im Gegensatz zu den aktuellen Paradigmen (Weltbildern) der Physik, Chemie und der Biologie, welche sich als von diesen

„ewigen Naturgesetzen" determiniert betrachten. Die von ihm postulierten morphischen Felder seien in ihrem Ursprung und ihrer Entwicklung geprägt von den tatsächlich in Raum und Zeit stattfindenden Geschehnissen und daher *„nur von einem evolutionären Bewusstsein zu denken"*. Diese *„potenziellen Organisationsmuster"* orientieren sich an den jeweiligen Umständen, sie treten auf, wenn die notwendigen physikalischen Bedingungen gegeben sind und verschwinden wieder, wenn diese sich verändern. Niemals jedoch gehen sie verloren und tragen in jeder physischen Manifestation die Erinnerung an ihre frühere physische Existenz (ebd.).

Der österreichische Biologe *Clemens G. Arvay,* weist in seiner Arbeit mit dem Titel *Der Biophilia-Effekt* (2015) auf die gesundheitsfördernden Zusammenhänge in der Kommunikation zwischen dem menschlichen Organismus und dem Ökosystem Wald hin. Diese Verbindung (Verbundenheit) sei zum einen evolutionär bedingt, was Arvay als den *„Savannen-Effekt"* bezeichnet (Arvay, 2015, S. 73). Zum anderen liefert seine Arbeit, gestützt durch Forschungsergebnisse aus Japan Belege welche erklären, inwieweit Mensch und Natur durch komplexe Prozesse miteinander verwoben und voneinander abhängig sind. Der Wald selbst ist ein komplexer Lebensraum für eine Fülle von Lebewesen, welche miteinander kommunizieren und in gegenseitiger Verbindung co-existieren und kommunizieren. (vgl. Arvay, Clemens G.: *Der Biophilia-Effekt*, edition Verlag, Wien, 2015).

> „Unser ästhetisches Empfinden entstand im Wechselspiel mit der Natur in der sich die Menschheit entwickelt hat. Unsere Biophilia ist eine Schöpfung der Erde, auf der wir leben. Sie verbindet uns mit unserem Heimatplaneten."

(Arvay, Clemens G.: Der Biophilia-Effekt, edition Verlag, Wien, 2015, S. 73).

Der Mensch kann durch einen einfachen Waldspaziergang in dieses komplexe Kommunikationsgefüge eintauchen, wird von diesem bereits nach wenigen Minuten wahrgenommen und in Kommunikationsprozesse eingebunden. Der Wald und die Pflanzen generieren aufgrund ihrer Kommunikation und durch die hinzugekommenen Informationen des menschlichen Organismus ein Gemisch aus Pflanzenwirkstoffen, den sogenannten Terpenen, welche wiederum an die Luft im Wald abgegeben werden. Bereits unmittelbar nach Kontaktaufnahme zeigen sich durch die vom Individuum eingeatmeten Pflanzenwirkstoffe (Terpene) stärkende Effekte auf das Immunsystem, sowie messbare Resonanz- und Feedbackphänomene im Blutbild. Diese Terpene sind abgestimmt auf die aktuelle gesundheitliche Konstitution des Waldbadenden, der diese aufnimmt und welche ihn darin unterstützen, allfällige Defizite in seiner Befindlichkeit wie etwa Stress und Frustration auszugleichen.

Die sogenannten Killerzellen des Immunsystems werden in deren Zellteilung zur Vermehrung angeregt, weshalb diese Form der Intervention auch bei schwerwiegenderen gesundheitlichen Herausforderungen wie beispielsweise einer Chemotherapie oder Krebs als deutliche und willkommene Unterstützung zu betrachten ist (ebd.).

In Japan ist dieses sogenannte „Waldbaden", eine jahrhundertealte Tradition mit dem Namen „Shin-rin Yoku", welches seit jeher zur Stärkung des Immunsystems, zur Unterstützung in der Heilung von Krankheiten, aber auch zur Besserung der mentalen Verfassung von den dortigen Natur- und Volksmedizinern verordnet, und von den Menschen selbstständig und eigenverantwortlich praktiziert wird. Aufgrund der bisherigen Forschungsergebnisse wurde 2012 ein eigener medizinischer Forschungszweig (Forest Medicine) an japanischen Universitäten gegründet, an welcher sich Wissenschaftler weltweit beteiligen. Selbst Krankenhäuser in Europa wissen inzwischen um die gesundheitsfördernden Effekte der Nähe zur Natur und versuchen diese in ihren aktuellen und zukünftigen Behandlungsmethoden, aber auch durch bauliche Maßnahmen in den Behandlungsprozess einzubinden (ebd.).

Aufgrund vertiefter Forschungsbemühungen der modernen Wissenschaft zu den Ursachen von Krankheiten, insbesondere den sogenannten „Volkskrankheiten" und mangelnder Erklärungsmodelle hierfür, formuliert Arvay den Begriff der Ökopsychosomatik (Arvay, 2015, S. 112 ff.). Dieser Bereich widmet sich den für verschiedene Krankheiten relevanten Umweltfaktoren, von den Umweltgiften, denen der Mensch tagtäglich ausgesetzt ist, über psychosoziale Probleme, Stress, Leistungsdruck und Substanzmissbrauch, bis hin zu schlechter Ernährung und den in der Nahrung mittlerweile nachweisbaren Kontaminationen durch Pestizide und Düngemittel, welche allesamt zur fortschreitenden Verschlechterung des gesamtgesellschaftlichen Gesundheitszustandes beitragen (ebd.).

Diese von Clemens G. Arvay dargestellten Wechselwirkungen zwischen dem Ökosystems Wald und den „Waldbadenden" sowie die von Rupert Sheldrake formulierte Theorie der Morphischen Felder legen eine fundierte Basis für ein angemessenes Verständnis über die analoge Verbindung zwischen Mensch und Natur.

3.4.2 Digitale Verbundenheit

Auf Basis der im Studienprojekt (2018/19) evaluierten Daten und deren Analyse wurde bereits im einführenden Kapitel auf die bei den jüngeren Generationen (12–19 Lj.) auffällige Verwendung digitaler Kommunikationskanäle hingewiesen. In der beschriebenen Falldarstellung spricht die Interviewpartnerin von Praxiserfahrungen mit ihren Klienten der genannten Altersgruppe im sozialpädagogischen Berufsfeld. Sie beschreibt diese digitale Verbundenheit als essenzielle Komponente in der Lebenswelt der Jugendlichen:

> »Also diese, Verbundenheit dass das was ist das, permanent gegeben sein muss.«

und den Entzug dieser Verbundenheit beispielsweise als Bestrafungsmaßnahme durch Handyentzug. Derartige Sanktionen entsprechen zwar dem bekannten Hausarrest aus der Zeit vor den digitalen Vernetzungsmöglichkeiten, lösen jedoch unverhältnismäßig hohe Erregungs- und Stresszustände aufgrund der fehlenden Verbundenheit aus. Es handelt sich dabei um das fehlende WIFI-Signal für das Smartphone, welches nahezu überall im Innenstadtbereich die schnur- und nahezu kostenlose Kommunikation im digitalen Freundeskreis erlaubt.

Weiters beschreibt die Interviewpartnerin die teilweise unverhältnismäßig intensiven Vertrauensbeziehungen zu Gleichaltrigen, in welchen persönliche Daten wie beispielsweise Passwörter weitergegeben werden, um digitale Statussymbole aufrechtzuerhalten:

> »Ja natürlich also, [...] das ist ja ein ein riesiges, Vertrauenszugeständnis [...] dieses
> so, „ich geb dir da jetzt meine Zugangsdaten, und, ich vertrau darauf dass du das
> dann machst! Dass du nicht, mit Absicht dann die Zeit verstreichen lässt, und dass du
> mir da, damit jetzt Alles zerstörst, [...] sondern, dass du das wirklich machst und dass
> ich mich da, auf dich verlassen kann."«

Eines dieser Statussymbole sind die „Flammen" der Verbundenheit auf der Social-Media-Plattform Snapchat, welche via App am Smartphone betrieben wird und sich wie folgt darstellt:

> »dass sie dann wirklich stolz präsentieren ja ich habe da jetzt mit der und der über
> dreihundert Flammen, und, wie wichtig das eigentlich für sie ist, und dass das, für
> sie, einen Weltuntergang bedeuten würde, diese Flammen zum verlieren. [...] Also
> die dann, mühsamst aufgebaut werden,«

Ziel der Verwendung dieser Applikation ist es, durch das Teilen von Daten, in diesem Fall Fotos mit teilweise belanglosem Inhalt, in kontinuierlichem Austausch mit der Gruppe digitaler Freunde zu bleiben.

Für das Ausmaß der Regelmäßigkeit dieser „Verbundenheit" durch digitale, inhaltsarme Kommunikation gibt es die sogenannten Flammen (Punkte), welche innerhalb eines zeitlichen Rahmens von 24 Stunden durch weitere Kommunikation

„am Lodern" gehalten werden müssen, da diese sonst „erlöschen" und damit auch die Verbundenheit. Kommt es nun zum Entzug des Smartphones durch die Eltern, sind die mit den notwendigen Passwörtern vertrauten Freunde angewiesen mit dem Account des sanktionierten Freundes einen sogenannten „Massensnap" an alle Kontakte der Freundesliste abzusetzen. Hierdurch werden alle Flammen am Lodern gehalten und der Status sowie die Verbundenheit in der digitalen Realität bleiben erhalten.

> »um diese [...] Quantität aufrecht zum erhalten, und, auch irgendwo [...] dieses, Statussymbol damit, beibehalten zum können.«

Gleichzeitig werden sowohl die digitale Verbundenheit als auch die analoge Verbundenheit durch diesen Dienst und den damit einhergehenden Erhalt der Vertrauensbasis der Freundschaft aufrechterhalten.

In solchen Fällen beschreibt die Interviewpartnerin folgendes Szenario:

> »Da [...] siehst sie dann teilweise wirklich eher hektisch dass sie, irgendwo wenn sie selber jetzt kein Internet mehr haben einen WLAN-Zugang suchen oder ganz ganz dringend zum Mackie (**ANM.** McDonalds) müssen weil das ist jetzt wirklich ein Notfall, und da gibt es freies WLAN und dann wirklich mit 2, 3 teilweise 4 Accounts hineingehen und [...], diesen Massensnap vorm Mackie machen einfach so passt, das ist jetzt erledigt. Einfach damit dieses, Vertrauen diese [...] Verbundenheit [...], aufrechterhalten bleibt.«

Weiters sieht Sie in diesem Verhalten die Bestrebung, trotz der dominierenden digitalen Kommunikation und Verbundenheit, das analoge Existieren auf digitalem Weg unter Beweis zu stellen und zu verifizieren wie folgender Auszug zeigt:

> »Und [...] so einem Massensnap oder [...] generell auf Snapchat, es sind ja keine, inhaltlich relevanten Inhalte die transportiert werden, sondern von dieses ja, „schau ich bin da, mich [...] gibt es auch noch". Und das muss dann wirklich alle paar Stunden sein so dieses [...] vergiß mich nicht dass es mich noch gibt"«

Aufgrund der Trivialität der kommunizierten Inhalte zeigt sich aus ihrer Sicht, der sich durch diese quantitativen Kompensationsversuche zum Ausdruck kommende Mangel an qualitativer Verbundenheit:

> »Und, auch wenn es inhaltlich keine Relevanz hat, zeigt es hald trotzdem diese [...] Verbundenheit die sich, momentan ganz stark über Quantität ausdrückt.«

Die Entwicklungen in diese Richtung sind jedoch nicht nur dem Individuum und allfälligen Defiziten in Bindungsverhalten oder Sozialisationserfahrungen anzulasten. Wie bereits in Kurt Lewins *Feldtheorie* dargestellt, entwickeln sich diese Spannungszustände, aus denen sich die Handlungsziele generieren immer in einem Personen-Umwelt-Bezug. Das bedeutet, dass allein die Möglichkeit für derartiges Verhalten dieses auch begünstigt und sogar fordert, wie in folgendem Auszug deutlich wird:

> »dadurch dass du ständig die Möglichkeit hast, erreichbar zum sein, und es eigentlich gefordert wird dass du ständig erreichbar bist,«

Diese ständig an Geschwindigkeit zunehmenden Prozesse der Digitalisierung zeichnen sich innerhalb der Lebenswelt aller in diesen Systemen eingebundenen Individuen ab und scheinen die Tendenz zu haben, mögliche Handlungsalternativen zu den beschriebenen Verhaltensmustern von vornherein zu erschweren und in Zusammenhang mit anderen Rahmenbedingungen, wie beispielsweise gesellschaftlich sozialisierten Bindungs- und Persönlichkeitsstörungen der Individuen teilweise sogar zu unterbinden:

> »die, Mobilität nimmt zu, die Erreichbarkeit nimmt zu, und, wird eben auch eingefordert. Und um diese, Daten, Massen bewältigen zu können und diese Anforderungsmassen bewältigen zu können, kannst du nicht jedem die gleiche Qualität bieten.«

Somit bleibt für die beteiligten Individuen nur eine beschränkte Auswahl an Optionen, ihre Handlungsziele zu erreichen, in welchen den durch Technologie und Konditionierung naheliegenderen und einfacher umzusetzenden Wahlmöglichkeiten der Vorzug gegeben wird:

> »Weil, [...], also du kannst mit, zwei drei Leuten, relativ leicht eng befreundet sein, du kannst nicht mit zweihundert Leuten relativ eng befreundet sein. [...] das wird dann eher über die, Quantität kompensiert. Wo einfach Qualität nicht mehr möglich ist. Und ich sag das [...] passt natürlich auch schön zu unserem momentanen Zeitgeist weil, schneller höher weiter,«

Aus diesem tieferen Einblick zeichnet sich ein eher frustrierendes Profil über die Befindlichkeit und allfällige Sinnzusammenhänge in der Lebenswelt der heutigen Jugend. Diese wurden jedoch nicht erst in jüngerer Zeit erkannt, sondern sind bereits seit Jahrzehnten Bestandteil der Forschungstätigkeit des Mediziners *Manfred Spitzer*. Im Rahmen seiner leitenden Tätigkeit der psychiatrischen Abteilung des

Universitätsklinikums in Ulm widmet er sich bereits seit dem Ende der 90er-Jahre der psychologisch-neurowissenschaftlichen Betrachtung dieser Entwicklungen.

Mit Befunden aus seiner Forschungsarbeit, welche er im Buch *Vorsicht Bildschirm!* im Jahre 2006 erstmals veröffentlichte, widmet er sich unterschiedlichen Bereichen der Thematik und beschreibt, inwieweit *Elektronische Medien* die *Gehirnentwicklung, Gesundheit* und die *Gesellschaft* beeinflussen. Die von ihm beschriebene Datenlage zeigt starke Beeinträchtigungen der Gehirnentwicklung aufgrund eines hohen Zeitpensums vor dem Bildschirm. Die auf den Bildschirmen gezeigten visuellen Inhalte, gekoppelt mit akustischen Reizen, bewirken entsprechende Synapsenverbindungen im Gehirn, die durch Wiederholung derselben in ihrer Vernetzung intensiviert und gestärkt werden – eben dieselben Effekte die auch beim Lernen zum Tragen kommen (vgl. Spitzer, 9. 2015, S. 51 ff.).

Die Problematik sieht Spitzer in der Tatsache, dass durch die Inhalte jener digitalen Welt, welche er als *„flache, verarmte Realität"* beschreibt, all jene Lernerfahrungen in der tatsächlichen analogen Welt zu kurz kommen. Doch nicht nur das, durch die auf den Bildschirmen sich ständig wiederholenden Werbungen werde zum Teil Ernährungsverhalten konditioniert, welches für eine gesunde Entwicklung, nicht nur Heranwachsender, von entscheidendem Nachteil sei. Einher gehe dies auch mit einem weit geringeren Maß an körperlicher Bewegung, was in Kombination mit schlechter Ernährung zu einem Anstieg an Diabetes und Herz-Kreislauf-Erkrankungen, sogar bei ungewöhnlich jungen Altersklassen führe (ebd. S. 13 ff.).

In Bezug auf die Altersklassen (12–19 Lj.), welche wir der zentralen Betrachtung unterziehen, beschreibt Spitzer eben jene Phänomene, welche in deren Kindesalter bereits wirksam waren und zeigt uns somit Aspekte des Heranwachsens der heutigen Jugendlichen. Spitzer bezieht sich in seiner damaligen Arbeit zwar auf den Konsum digitaler Inhalte elektronischer Medien via TV und Computer sowie Videospiele, die heute allgegenwärtigen Smartphones waren damals jedoch noch nicht Bestandteil seiner Forschungstätigkeit. Dennoch sind seine Befunde für die hier vorliegende Arbeit verwertbar, besonders wenn er von *Desensibilisierung und verminderter Empathie* schreibt:

> „Wenn Organismen einem bestimmten Reiz oder einer bestimmten Reizklasse dauernd ausgesetzt sind, so nimmt die Reaktion auf diesen Reiz immer mehr ab. Man spricht von Desensibilisierung. Hierbei handelt es sich auch um eine Form von Lernen, das wiederum auf unbewusst ablaufenden Prozessen [...] beruht."

(Spitzer, Manfred: Vorsicht Bildschirm! – Elektronische Medien, Gehirnentwicklung, Gesundheit und Gesellschaft, Deutscher Taschenbuch Verlag, München, 9. 2015, S. 236 f.).

Spitzer führt auf die in seiner Arbeit beschriebenen Themen nicht nur den Anstieg von Herz-Kreislauf-Erkrankungen und die zunehmende Gewalt im öffentlichen Raum zurück, sondern auch die Abnahme an Lesekompetenzen in der Schule, häufigere Konzentrations- und Aufmerksamkeitsschwierigkeiten sowie Impulskontrollstörungen bei Schülern und eine allgemeine Abnahme der sozialen Kohäsion (ebd.).

Die von Spitzer geschilderte Befundlage wird u. a. auch von Gerald Lembke und Ingo Leipner in ihrer Arbeit zur *Lüge der Digitalen* Bildung (2015) aufgegriffen. Sie beschreiben wie Kinder durch die Auseinandersetzung mit digitalen Medien und deren noch nicht ausreichend entwickelter kognitiver Filter, zu *unkritischen Konsumenten* manipuliert werden (Lembke & Leipner, 2. 2016, S. 43 ff.). Weiters legen sie aufschlussreich dar wie der übermäßige Konsum (2 Stunden und mehr pro Tag, *Spitzer 2006)* digitaler Medien im Kindesalter das *Denken lernen*beeinträchtigt, das Erlernen *sozialer Kompetenz* unterdrückt und überhaupt wichtige und wertvolle Lernerfahrungen und Grundkompetenzen sogar verhindert (ebd.).

Sowohl Spitzer als auch Lembke & Leipner geben Impulse für aus ihrer Sicht notwendige Handlungsschritte in der pädagogischen Praxis, um die heranwachsenden Generationen in ihrer Entwicklung auf ein adäquates Niveau der Medienkompetenz zu begleiten. Die von ihnen beschriebenen Zustände und Defizite Heranwachsender, welche sich aufgrund von deren Medienkonsum zeigen, sind jedoch nicht nur durch Veränderungen in pädagogischen Konzepten zu kompensieren. Es bedarf gesamtgesellschaftlicher Anstrengungen und Einschränkungen, vor allem von Seiten wirtschaftlicher Interessensgruppen, welche durch die digital angebotenen Produkte und Dienstleistungen Profit generieren.

Am Beispiel der digitalen Kommunikation durch die Erfindung und Etablierung des World Wide Web lässt sich eine Analogie zu den bisher und in weiterer Folge beschriebenen Verbundenheitermöglichenden Phänomenen generieren. Wie der Name schon sagt, ist das Internet ein nichtmaterielles, auf Funkwellen und Feldern basierendes weltweites Netz der Verbundenheit. Seit seiner Entwicklung als

ARPANET[16] und der kommerziellen Nutzung als Internet ab den 90er-Jahren, ist das Internet ein „Alles mit Allem"-verbindendes Medium.

Insbesondere in der Digitalen Verbundenheit sieht der deutsche Sozialpsychologe *Harald Welzer* die Basisbedingungen für die *Smarte Diktatur* wie er sie nennt, und erkennt darin einen umfassenden Angriff auf unsere individuelle Freiheit. Den Ursprung dieser *Gefährdung von Freiheit und Demokratie* sieht Welzer *aus dem Inneren der freien Gesellschaft selbst* kommend. In seiner Arbeit stellt er den Zusammenhang zwischen den medial *säuberlich getrennten ErscheinungenKlimawandel, soziale Ungleichheit, Finanzmarktkrise, Flüchtlinge, Artensterben, Digitalisierung, Globalisierung, Hyperkonsum, Wirtschaftswachstum, Mobilität, Kriege, Überwachung, Terrorismus* wieder her. Diese Zusammenhänge beschreibt er wie folgt:

> „Die wachsenden Emissionsmengen, die den Klimawandel anfeuern, haben ihre Ursache in Konsum und Hyperkonsum, die dafür erforderlichen Material- und Energiemengen müssen, wegen des »globalen Wettbewerbs«, so billig wie möglich gewonnen werden, weshalb Raubbau an Naturressourcen wie an menschlicher Arbeitskraft betrieben wird, was zu sozialer Ungleichheit und auch zu Konflikten und Kriegen und Terrorismus führt, weshalb expansive Überwachungsstrategien verfolgt werden, die durch einen privatwirtschaftlich-staatlichen Komplex der Kontrolle von Staatsbürgerinnen und -bürgern gewährleistet werden, der zugleich für personalisierte Beeinflussung verwendet wird, die zu noch mehr Konsum und Hyperkonsum anleitet, was zu mehr Energie und Materialverbrauch…" (usw.)

> (Welzer, Harald: Die Smarte Diktatur – Der Angriff auf unsere Freiheit, Fischer Verlag, Frankfurt a. M., 2. 2018, S. 16.)

Diese medial gesteuerte „Psychopolitik" (Han), welche aus der „informationellen Macht" (Welzer) der Massenmedien heraus gesteuert wird und diese Zusammenhänge in getrennt voneinander auftretende Erscheinungen vereinzelt, sorgt auch dafür, dass diese Prozesse nicht klar genug innerhalb unserer Gesellschaft vermittelt werden, um entsprechende Reaktionen der Bevölkerung zu vermeiden.

Rainer Mausfeld, Professor für Wahrnehmungs- und Kognitionsforschung an der Universität Kiel führt dieses „Schweigen der Lämmer" auf methodisch herbeigeführte Rahmenbedingungen der heutigen Demokratie zurück:

---

16 http://www.demokratiezentrum.org/themen/mediengesellschaft/e-democracy/die-geschichte-des-internets.html

> „Demokratie ist auf ein inszeniertes Spektakel periodischer Wahlen reduziert wor-
> den, bei denen die Bevölkerung aus einem ihr vorgegebenen »Elitenspektrum« wäh-
> len kann. Wirkliche Demokratie ist ersetzt worden durch die Illusion von Demokra-
> tie, die freie öffentliche Debatte ist ersetzt worden durch Meinungs- und Empörungs-
> management, das Leitideal des mündigen Bürgers ist ersetzt worden durch das neoli-
> berale Leitideal des politisch apathischen Konsumenten. Von mit den Begriffen De-
> mokratie und Freiheit verbundenen Hoffnungen sind nur die leeren Worthülsen ei-
> nes falschen Versprechens von den Mächtigen beibehalten worden; mit ihnen lässt
> sich nämlich das Bewusstsein der Mehrheit der Machtunterworfenen wirksam mani-
> pulieren"

> (Mausfeld, Rainer: Warum schweigen die Lämmer – Wie Elitendemokratie und Neoli-
> beralismus unsere Gesellschaft und unsere Lebensgrundlagen zerstören, Westend
> Verlag, Frankfurt a. M., 2018, S. 14)

Die fortschreitende Digitalisierung und die damit einhergehende Entfremdung von der Natur unterliegen folglich dem methodischen Wirken der von Mausfeld genannten Machteliten. Je weiter dieser Prozess der Entfremdung voranschreitet, desto mehr wird sich der „mündige Bürger" im Zustand des ***Digital Imprisoning*** wiederfinden, und das soziale Umfeld und ein intaktes Ökosystems zu welchem sich Verbindung aufnehmen ließe, könnten durch eine digitale Ersatzrealität beseitigt worden sein.

3.4.3 Kollektive Verbundenheit

Eine weitere Theorie, welche sich mit den Wirkungsweisen von Feldenergien und Feldstärken auf Menschen und Gesellschaften auseinandersetzt, wird von dem deutschen Biophysiker *Dieter Broers* vertreten, der die Feldwirkung des Erdmagnetfeldes in unmittelbaren Zusammenhang mit dem menschlichen Bewusstsein bringt. Broers beschäftigt sich u. a. mit den Forschungsergebnissen des Hirnforschers *Michael Persinger* und den Theorien des deutschen Physikers *Burkhard Heim*. Broers erklärt die biophysikalischen Rahmenbedingungen für Bewusstsein, welches als „bewusstes Sein" in der Gegenwärtigkeit zu verstehen ist, wie folgt:

> „Auf der materiellen Ebene werden unser Bewusstsein und die unterschiedlichen
> Grade unserer Bewusstheit im Wesentlichen durch die sogenannten Mikrotubuli be-
> stimmt. Mikrotubuli sind röhrenförmige Gebilde aus Proteinen, die u. a. an wesentli-
> chen Zellfunktionen beteiligt sind. Sie bilden kilometerlange Hohlröhren, die als
> Hohlraumresonatoren elektromagnetische Schwingung leiten können"

(Broers, Dieter: Metamorphose der Menschheit – Warum wir immer noch nicht erleuchtet sind und was wir daran ändern können, Dieter Broers Verlag Ltd, West
Kirby UK und Unterlembach, 1. 2018, S. 7).

Dies ist aus seiner Sicht insofern relevant, als dass durch Meditationspraxis eine
Verbindung (Kohärenz des meditierenden Gehirns) zu eben jenen Feldern herge-
stellt werden kann, aus welchen heraus die gesamte Materie strukturiert und mit
Information gespeist wird. Broers bezeichnet dies als einen Zustand der „quanten-
relativistischen Kohärenz", in welchem das einheitliche Feld aus Körper und Geist
einen Energiekreislauf in Gang setzt, welcher die bewusste Kommunikation und
den Informationsaustausch mit den von Sheldrake beschriebenen *morphischen Feldern* ermöglicht (ebd.).

Broers schließt weiters aus seiner Auseinandersetzung mit den Daten, dass der
Mensch und die Menschheit in ihrer Gesamtheit sowie auch die Flora und Fauna
des Ökosystems Planet Erde in einer Wechselwirkung mit dessen Magnetfeld stehen. Dieses Magnetfeld, auch bekannt als Schumann-Resonanz,sei als maßgebli-
cher Faktor mit ordnender Wirkung in der biologischen Entwicklung des Ökosystems Planet Erde zu betrachten (Broers, 2018, S. 224 ff.).Weiters werde das Erdmagnetfeld durch die messbare Sonnenaktivität in dessen Feldstärke beeinflusst,
was zu messbaren, global auftretenden psychischen und physischen Auffälligkeiten
der Menschen führe (ebd.).

Broers weist auf Forschungsdaten hin, welche die Beeinflussung der allgemeinen
psycho-physischen Befindlichkeit des Menschen durch Veränderungen in den sie
umgebenden bzw. den sie einschließenden elektromagnetischen Feldern belegen.
Diese Veränderungen kämen nachweisbar durch deren Einfluss auf die menschliche Zirbeldrüse (Epiphyse), in welcher Renè Decartes bereits im 17. Jhdt. den Sitz
des Seele vermutete, zustande. Aufgrund von Sonnen-eruptionen kommt es zu
Schwankungen im Erdmagnetfeld, welche die Produktion des Hormonhaushaltes
des menschlichen Organismus beeinträchtigen. Diese Hormone und die daraus
vom Körper synthetisierten Neurotransmitter sind essenziell zur Regelung komplexer Prozesse und zur Gesunderhaltung des menschlichen Organismus. (vgl. Broers, 2. 2017, S. 165 167 ff.).

Broers beschreibt das Magnetfeld der Erde als *„morphogenetischen Arbeitsspei-
cher"*, welches dem Menschen zur Verfügung steht, der seinerseits durch das von
Gehirn und Herz emittierte Magnetfeld mit diesem in Kontakt und Kommunikation
steht. Veränderungen oder gar das Ausbleiben der Wirkungen führen zu geistigen
Irritationen beim Menschen. Verfügen diese jedoch über ein ausgeprägtes und

stabiles eigenes Magnetfeld, kommen diese Irritationen nicht zustande. *„Je klarer und ruhiger ein Mensch ist und je mehr er sich seiner göttlichen Fähigkeiten* (vertikale Verbundenheit) *bewusst ist,desto stärker ist das Magnetfeld seines Körpers"* (Broers, Dieter: *Der verratene Himmel – Rückkehr nach Eden,* Dieter Broers Verlag Ltd., Unterlembach, 6. 2015, S. 100-101).

Das Ausbleiben und die Veränderung in diesen essenziellen Feldwirkungen werden durch elektromagnetische Felder aus Telekommunikationsnetzwerken und Smartphones sowie WLAN-Verbindungen und Elektrogeräten auf unterschiedliche Weise verursacht und versetzen den menschlichen Organismus in einen zusätzlichen Stresszustand.

> „Stress ist die Hauptursache für Herzinfarkt. Umgekehrt wirkt aber auch das Herz auf das emotionale Gehirn ein. Es verfügt über ein eigenes Nervengeflecht, eine Art „kleines Gehirn", das selbstständig wahrnimmt, ja, sogar ein Gedächtnis hat und „Entscheidungen trifft", indem es zum Beispiel Stress- und Liebeshormone aktiviert"

> (ebd. S. 247).

Aus Dieter Broers Explikationen lässt sich schließen, dass das Magnetfeld des Gehirns im Zustand der quanten-relativistischen Kohärenz durch Meditation und jenes des Herzens im Zustand der Herz-Kohärenz die optimalen Grundvoraussetzungen für anhaltende Gesundheit und zur Kommunikation sowie dem Informationsaustausch auf vertikaler Ebene mit den Feldern der Umwelt und des Planeten darstellen. Die Verantwortung zur Herstellung dieser optimalen Grundkonstitution durch spirituelle Betätigung (Meditation, Waldbaden) liegen natürlich beim Individuum selbst, vorausgesetzt, es ist sich dieser Prozesse bewusst und dadurch in der Lage, diesen „Bewusstseinszustand" der kollektiven Verbundenheit herbeizuführen.

Der aus Deutschland stammende Wissenschaftler Ulrich Warnke, welcher sich vor seiner Pensionierung (2010) als Leiter der Arbeitsgruppe Technische Biomedizin betätigte, beschäftigte sich seit 1969 mit der Erforschung der »Wirkung elektromagnetischer Schwingungen und Felder, einschließlich Licht, auf Organismen«. Aus seiner Arbeit leitet sich nun der finale Brückenschlag zur Quantenphysik und zu einem grundlegenden, wenn für uns auch nur basalen Verständnis über die Beschaffenheit des Bewusstseins und seiner kollektiven Verbundenheit ab.

Der grundlegende Ausgangspunkt ist zunächst die Einsicht, dass *Bewusstsein als Ursache der Gehirnaktivität, nicht als Folge* zu verstehen ist.

> „Das Gehirn ist ein Werkzeug, das uns die Möglichkeit gibt, überhaupt Erfahrungen
> machen und gleichzeitig Erinnerungen in ein Netz einspeichern zu können. Es ist
> sozusagen die Hardware"
>
> (Warnke, Ulrich: Quantenphilosophie und Spiritualität – Wie unser Wille Gesundheit
> und Wohlbefinden steuert, Wilhelm Goldmann Verlag, München, 4. 2017, S. 97).

Warnke setzt diese Beschreibung in Analogie zum Fernsehgerät, welches die Fernsehprogramme nicht enthält, sondern diese empfängt und wiedergibt. In der Wissenschaft ginge man allgemein von der Vermutung aus, dass das Bewusstsein die Folge von Nervenaktivität sei. Richtiger sei jedoch die Annahme, dass das Bewusstsein durch Nutzung des Nervensystems zum Zweck der Wahrnehmung, als Ursache der Nervenaktivität zu verstehen sei. Das Bewusstsein wird auf Basis dieses Verständnisses zum Benutzer des Gehirns und in weiterer Folge auch zum Urheber jeglicher Erfahrung (vgl. Warnke, 4. 2017, S. 97 & 135.).

> „Alles, was wir wahrnehmen, ist ein Konstrukt mithilfe unseres Gehirns. Nur unser
> Gehirn entscheidet, was real ist. Es verwendet eigene Informationen, greift auf seine
> eigenen Erfahrungen zurück und deutet die Reize nach seinen eigenen Regeln. Das
> alles ist pure Subjektivität und gilt für Traum und Wirklichkeit gleichermaßen"
>
> (Warnke, 4. 2017, S. 127).

Das Wahrnehmen von Ereignissen ist somit nicht das Ergebnis der ankommenden Nervenreize im Gehirn, sondern die Interpretation und Auswertung dieser Informationen im Bewusstsein. *Was wir Erlebnisse nennen, sind Reaktionen, die auftreten, wenn Energien aufeinandertreffen. Nehmen wir das Beispiel Wahrnehmung: Der Wille zur Fokussierung eines Sinnesorgans begegnet der elektromagnetischen Schwingung eines Senders, und daraus resultiert Erkennen"* (Warnke, 4. 2017, S. 142).

In der Quantenphysik wird grundlegend davon ausgegangen, dass die Existenz einer außerhalb des Individuums existierenden Realität allein durch die vom Individuum getätigte Beobachtung zu existieren beginnt. Dieser Prozess der „Realitätsschaltung" funktioniert auch in umgekehrter Richtung durch Erwartung und Glaube (Warnke, 4. 2017, S. 48 ff.).

Warnke beschreib den komplexen Prozess der „Realitätsschaltung" auf Basis des quantenphysikalischen Weltbildes wie folgt:

> „Für die Gestaltung der Realität wird Energie in unser bewusstes Gewahrsein gebracht. Dann erzeugen wir daraus Form/Struktur/Gestalt mit »Sinn und Bedeutung« als getrennte Einheiten und erschaffen damit Raum und Zeit. [...] Wenn wir einen Gegenstand betrachten, beobachten wir eigentlich unser Gehirn beim Verarbeiten der elektromagnetischen Energie, die dieser Gegenstand abstrahlt. Die Welt ist also nicht das direkte Abbild der Energien, die unsere Sinne aktivierten. Vielmehr erschaffen unser Geist und unser Bewusstsein die Welt, indem sie den jeweils momentan in ihrer Gesamtheit empfangenen Energien »Sinn und Bedeutung« geben

(Warnke, 4. 2017, S. 144).

Die empfangene und beobachtete Energie von der hier die Rede ist, entspringt aus Sicht der Quantenphysik dem Universum. Dieses ist in seiner Gesamtheit ein Informationsfeld bestehend aus Wellenüberlagerungen aller möglichen Eigenschaften (Superposition), Warnke bezeichnet dies als »Meer aller Möglichkeiten«. Die möglichen Eigenschaften (Wellenfunktionen) werden durch die Beobachtung einer definitiven Information durch das beobachtende Individuum dazu angeregt, aus ihrem Zustand der Superposition zu »kollabieren«. Dieser *Kollaps der Wellenfunktion ist der Übergang vom Potenziellen zum Wirklichen* und mündet in der Erschaffung der Realität und Erfahrung durch Beobachtung (Warnke, 4. 2017, S. 202 ff.).

Diese knappe Explikation des äußerst komplexen Weltbildes der Quantenphysik ist insofern relevant, als dass sie uns die zentralen Komponenten des Phänomens Spiritualität, nämlich »Sinn und Verbundenheit«, in ihren Funktionen und ihrer Bedeutung für das Individuum darlegen. Die Erzeugung von Sinn (Frankl) wird aus dieser Perspektive als aktive, vom Individuum mittels dessen Bewusstsein getätigte Handlung beschrieben. Verbundenheit ergibt sich hierin aus dem Aufeinandertreffen der außerhalb des Individuums existierenden Wellenfunktionen (Informationsfelder) mit den interpretierenden Prozessen des das Gehirn verwendenden Bewusstseins. Das Bewusstsein und dessen Konstitution sind somit die zentrale Schnittstelle zur Erzeugung von Sinn und zum Erleben von Verbundenheit im Sinne eines durch Spiritualität geprägten Welt- und Menschenbildes.

3.4.3.1 Zusammenfassung

Die in diesem Kapitel aus unterschiedlichen wissenschaftlichen Forschungsdisziplinen zusammengetragenen Informationen geben uns einen Überblick über die Faktoren, aus denen sich ein adäquates Verständnis von Sinn und Verbundenheit entwickeln lässt. Um diese für die pädagogische Umsetzung verwertbar zu machen, bedarf es entsprechender Konzepte in der Vermittlung dieser Informationen.

Weiters können adäquate Praktiken die Bewusstseinsgrundlagen schaffen, um sich mit den Themen Sinn und Verbundenheit als Spiritualität näher auseinanderzusetzen.

Glücklicherweise gibt es bereits eine Auswahl an Techniken und Konzepten, welche für die pädagogische Praxis geeignet sind und nur darauf warten, Einzug in die Lehrpläne und Unterrichtsräume zu nehmen. Einige davon wie beispielsweise das Gebet, hatten sich dort bereits etabliert und sind inzwischen wieder verschwunden. Andere wie z. B. die Meditation haben inzwischen Einzug in den Alltag einiger weniger Schulen gehalten und zeigen auf, dass spirituelle Praktiken das Potential in sich tragen, der fortschreitenden Entfremdung des Menschen von der Natur, von sich selbst und von seinem sozialen Umfeld entgegenzuwirken.

> „Wenn wir im Zeitalter der technisch vermittelten Kommunikation zu einer neuen Verbundenheit finden wollen, dann sind wir dazu aufgerufen, unsere Haltung so zu verändern, dass wir unsere faktische Verbundenheit wertschätzend wahrnehmen, für sie einstehen und sie im Austausch mit unserer Mitwelt lebendig werden lassen"
>
> (Meibom, Barbara, „Vom Ich zum Du zum Wir?" in: Hüther, Gerald; Spannbauer, Christa (Hrsg.): Verbundenheit – Warum wir ein neues Weltbild brauchen, Hogrefe, Bern, 2. 2018, S. 103).

4 Spiritualität in der Pädagogik

„Der Erziehungswissenschaft kommt die gleichermaßen anspruchsvolle wie auch
wesentliche Aufgabe zu, Erkenntnisse der empirischen und theoretischen Spiritualitätsforschung und angrenzender wissenschaftlicher Disziplinen aufzugreifen, um
Konzepte zu erarbeiten, die eine theoretische und praxisorientierte Fundierung spiritueller Bildung ermöglichen"

(Ruhland, Renate: „Spirituelle Bildungsarbeit – Reflexionen zur Lehr und Lernbarkeit
von Spiritualität", in: Büssing, Arndt; Kohls, Niko (Hrsg.): Spiritualität transdisziplinär: Wissenschaftliche Grundlagen im Zusammenhang mit Gesundheit und Krankheit, Springer-Verlag, Berlin Heidelberg, 2011, S.37–51).

Der Bereich der Bildungsarbeit, auf welche Renate Ruhland sich hier bezieht ist
jener der Erwachsenenbildung. In dieser Etappe des informellen Lernens sind die
Lernenden bereits grundlegend sozialisiert und entsprechend ihrem Werdegang
durch gesellschaftsspezifische Welt- und Menschenbilder geprägt. In diesem Bereich des sogenannten lebenslangen Lernens zeichnet sich die Zielsetzung in der
Auseinandersetzung mit grundlegenden Lebensfragen und der *Eröffnung neuer Le-
bens- und Entwicklungsmöglichkeiten* (ebd.).

Betrachtet man allerdings den klassischen Bildungsweg eines Menschen von der
Kindheit bis in den Bereich der Erwachsenenbildung, finden sich mehrere Statio-
nen an welchen Spiritualität, – zumeist in Form von religiös orientierten bzw. kon-
fessionsgebundenen Bildungskonzepten – vermittelt wird. Die Basis für ein spiri-
tuelles Grundverständnis wird bereits im Vorschulalter gelegt, im kognitiven Ent-
wicklungsstadium der *präoperationalen Phase* (Piaget). Diese ist eben jene Phase,
in welcher das *magisch-mystische Denken* sowie die Tendenz zum *Anthropomor-
phismus* der Heranwachsenden sich entwickeln und durch Erzählungen von Mär-
chen vertieft und weiterentwickelt werden. In dieser Phase erlebt sich das Kind
allerdings noch als mit seiner Umgebung verschmolzen (vgl. Bucher, 2. 2014, S 70
ff.)

Die folgenden Jahre der schulischen Sozialisation (6–19 Lj.) sind zumeist geprägt
von der Vermittlung konfessionell-gebundener Spiritualitätsvorstellungen, welche
sich durch eine exklusive Variante des Zusammengehörigkeitsgefühls innerhalb einer Religionsgemeinschaft charakterisieren. Der Faktor Verbundenheit scheint in
dieser Phase zunehmend außer Acht gelassen und wird auch im Rahmen der au-
ßerschulischen Aktivitäten mehr und mehr durch die bereits erwähnte digitale
Verbundenheit verdrängt.

Eben jene Zeitspanne, in welcher sich die Heranwachsenden die meiste Zeit in sozialen Gruppen befinden, erscheint als am geeignetsten, um ein zeitgemäßes Spiritualitätsverständnis in Bezug auf die Faktoren „Sinn" und „Verbundenheit" zu vermitteln und zu begründen.

Ziel einer spirituellen Bildung soll die *Förderung des Vertrautwerdens mit* und die *Nutzung innerer Ressourcen für lebenslanges, selbstgesteuertes Lernen und persönliches Wachstum* sein (vgl. Ruhland, 2011, S.37–51) Weiters verfolgt spirituelle Bildungsarbeit das Ziel einer Balance zwischen *intellektuellen und intuitiven, bewussten und unbewussten, verbalen und imaginativen, physischen, emotionalen, mentalen und spirituellen Prozessen* (ebd.).

Eines der Kernelemente für die spirituelle Bildungsarbeit stellt die regelmäßige Praxis spiritueller Übungen dar. Ruhland spricht hier vom *Transpersonalen Lernen*, welches sich mit dem *Aufbau »spiritueller Kompetenzen«* beschäftigt und durch entsprechende Übungen die Entwicklungsprozesse in *Achtsamkeit, Gleichmut* sowie der *Entleerung und Entgrenzung des Bewusstseins* (Selbsttranszendenz) forciert. Weiters zeigen sich durch einen *methodisch-systematischen* Ansatz und einen auf Erfahrungen ausgelegten Zugang zur Spiritualität entsprechend lebenspraktische Ergebnisse und Veränderungen auf *kognitiver, affektiver und verhaltensmäßiger Ebene* (ebd.).

Im Prozess des Transpersonalen Lernens wird die *Aufhebung des Bezugssystems des gewöhnlichen Wachbewusstseinszustandes* forciert, um folgende Kriterien zu transzendieren:

- Dreidimensionalität des Raums
- Linearität der Zeitwahrnehmung
- Kausalität
- Subjekt-Objekt-Trennung
- Konsistenz der Ich-Organisation

Die mit den Prozessen des Transpersonalen Lernens und den praktischen Übungen einhergehenden Zustände der *Weitung* und *Erhöhung* des Bewusstseins in eine *Unbegrenztheit* des Seins, ermöglichen *Erfahrungen der Einheit und Verbundenheit* und fördern den Prozess der Subjektwerdung durch *zunehmende Persönlichkeitsintegration* und der Entwicklung *sinnorientierter Lebensführung* auf Basis einer grundlegenden *spirituellen Lebenshaltung* (vgl. Ruhland, Renatein: Büssing& Kohls (Hrsg.): *Spiritualität transdisziplinär*, 2011).

Aufgabe der jeweiligen Bildungsinstitutionen muss es daher sein, geeignete Rahmenbedingungen, vor allem zeitlich und curricular, zu schaffen, um den im weiteren Verlauf dargestellten Praktiken zur Entwicklung spiritueller Basiskompetenzen entsprechend Raum zu geben.

4.1 Spirituelle Praktiken als Unterrichtsmittel

4.1.1 Meditation

Die am meisten nach Innen gewandte spirituelle Übung, welche sich in ihrer Entsprechung als Kontemplation und Einkehr in verschiedenen religiösen und spirituellen Traditionen finden lässt, ist die Meditation.

> „In der Meditation löst sich der Mensch aus seinen normalen Aktivitiäten
>
> (Wachbewusstsein) und sitzt für gewöhnlich in Stille mit geschlossenen Augen" (Sheldrake, Rupert: Die Wiederentdeckung der Spiritualität – 7 Praktiken im Fokus der Wissenschaft, Übers. von Horst Kappen, O. W. Barth Verlag, München, 2018, S. 35).

Während der Meditationspraxis kommt es zu einer „Entspannungsreaktion" des sympathischen Nervensystems und dadurch zu einer Dämpfung und zum Abbau innerer Spannungszustände. Die Aufmerksamkeit wird auf den Körper und die im Innern ablaufenden Prozesse fokussiert und bewusst von äußeren Reizen abgewandt (ebd.).

Regelmäßige Meditationspraxis der Schülerinnen und Schüler zeigt nachweislich Verbesserungen in deren kognitiven Leistungen und eine grundlegende Förderung des Wohlbefindens sozialer Kompetenzen, gleichzeitig werden dadurch aggressives und gewalttätiges Verhalten reduziert und die emotionale Regulationsfähigkeit der Schülerinnen und Schüler gestärkt (vgl. Waters et al.: *Contemplative Education: A Systematic, Evidence-Based Review oft he effect of Meditation Interventions in Schools*, Educational Psychology Review, 2015, 27(1), S. 103–134).

Weiters zeigen sich auch nachweislich positive Effekte auf die gesundheitliche Konstitution in der Linderung von Symptomen bei *Angststörungen, allergischen Hautreaktionen, Herzrhythmusstörungen, Reizhusten und Bronchialasthma, Darmträgheit, Zwölffingerdarmgeschwür, Schwindel und Erschöpfungszuständen, Bluthochdruck, chronischen Schmerzen, Schlafstörungen* und *leichten bis mittelschweren Depressionen* (Sheldrake, 2018, S. 49-50).

Diese wertvollen Impulse stammen aus einer Vielzahl von Studien, welche seit den 60er-Jahren zum Thema Mediation durchgeführt wurden, und zeigen uns die Potentiale, welche hinsichtlich eines umfassenden Bildungsangebotes entsprechend in den Schulalltag zu integrieren wären und teilweise bereits integriert worden sind (vgl. https://www.ursachewirkung.at/meditation/1635-meditation-in-schulen-sorgt-fuer-wohlbefinden).

4.1.2 Gebet

Rupert Sheldrake verweist in seiner Arbeit zur *Wiederentdeckung der Spiritualität* (2018) auf die Nach-Innen-Gerichtetheit der Meditation und vergleicht diese mit einem *Einatmen*. Das *Ausatmen* sei hingegen mit dem Gebet gleichzusetzen, *„bei dem sich der Geist nach außen wendet"* (vgl. Sheldrake, 2018, S. 35 f.).

Das Gebet zeigt in seiner Essenz eine Qualität, welche wir nicht nur in religiösen Traditionen, sondern auch in unterschiedlichen Techniken des modernen Mentaltrainings und Coachings finden können. Die Essenz besteht darin, durch Fokussierung des Bewusstseins auf einen bestimmten Sachverhalt, diesen in einen anderen Zielzustand hin zu verändern, oder aber auch sich für den aktuellen Zustand zu „bedanken" und somit eine Art Reflexion vorzunehmen. Insbesondere wenn ein Zielzustand forciert wird, lassen sich die von *Ulrich Warnke* beschriebenen Quanteneffekte, welche durch die Beobachtung eines Sachverhaltes ausgelöst werden können, zum Verständnis der Sinnhaftigkeit von Gebeten heranziehen.

Bucher (2014) beschreibt eine Studie von *O'Laoire* aus dem Jahre 1997, in welcher die Versuchsteilnehmerinnen und -teilnehmer angewiesen wurden, für die Dauer von 12 Wochen zumindest 15 Minuten täglich für die Gesundheit anderer zu beten. Vor Beginn und nach der Durchführung wurden das Ausmaß an *Ängstlichkeit, Selbstwert* und *Depressivität* anhand bewährter Skalen gemessen. Das Ergebnis zeigte, dass das Beten für andere die eigene psychische Gesundheit positiv beeinflusse und weiters die Lebensqualität und die persönliche Zufriedenheit verbessere (vgl. Bucher, 2. 2014, S. 123).

Über den therapeutischen Nutzen des Gebetes verweist *Bucher* auf *Bartakova* (2008), dass die tiefe Versenkung der Betenden und deren regelmäßige Praxis dazu beitragen, *zu profunderer Selbsterkenntnis zu gelangen* und dass darüber hinaus ein wertvoller Beitrag zur *Psychohygiene* geleistet wird (vgl. Bucher, 2. 2014, S. 192). Aus neurologischer Sicht entstehen durch die in tiefem Gebet generierten Bilder und Gedanken neue Synapsenverbindungen, welche durch sogenanntes „kognitives Reframing" zu Veränderungen in der jeweiligen Lebensführung beitragen.

Weiters können *emotional-existenzielle Befindlichkeiten* durch die Gebetssprache adäquat zum Ausdruck gebracht werden, was wiederum den souveränen Umgang mit emotionalen und existenziellen Belastungen ermöglicht (ebd.).

Mit der *Macht der inneren Bilder* und im weiteren Sinne auch mit bildungspolitischen Themen beschäftigt sich der deutsche Neurobiologe *Gerald Hüther*. In seiner Arbeit weist er die neurologischen Prozesse des Generierens *Innerer Bilder* als maßgebliche Komponenten für die Entwicklung von Mustern und Prägungen aus. Demgegenüber ist die Fähigkeit des Gehirns zur Imagination aber auch wesentlich dafür verantwortlich, inwieweit das Individuum in der Lage ist, neue Visionen zu entwickeln, sich alternative Handlungs- und Lebensentwürfe vorzustellen und das Zusammenleben in Verbundenheit als bereichernd empfinden zu können. (vgl. Hüther, 9. 2015, S. 97ff. & 105 ff.).

> „Die Erzeugung neuer Ideen und Vorstellungen ist eine immanente Eigenschaft lernfähiger Gehirne, und die Tendenz zur ständigen Erweiterung des kollektiven Gedächtnisses ist eine zwangsläufige Folge des Wissenszuwachses jeder Gemeinschaft"
>
> (Hüther, Gerald: Die Macht der inneren Bilder – Wie Visionen das Gehirn, den Menschen und die Welt verändern, Vandenhoeck & Ruprecht, Göttingen/Bristol, 9. 2015, S. 109).

Diese hier dargestellten Mechanismen der Realitätsgestaltung durch vorheriges Generieren entsprechender Vorstellungen und Bilder von dem jeweiligen Realitätszustand weisen erneut auf die von *Ulrich Warnke* beschriebenen Quanteneffekte hin. Aus dieser Perspektive betrachtet sind Gebete ein wertvolles Werkzeug zur Erhaltung des persönlichen Wohlbefindens und der Gesundheit, zur Förderung einer angemessenen Kultur der Verbundenheit und nicht zuletzt für eine zielgerichtete Orientierung entlang persönlicher und kollektiver Sinnhorizonte.

4.1.3 Naturerfahrung

Über die positiven Effekte für den menschlichen Organismus während eines Aufenthaltes in der Natur wurde bereits im Kapitel **Analoge Verbundenheit** anhand der Arbeit von *Clemens G. Arvay* diskutiert. In Kombination mit den Effekten der Meditation und anderen pädagogischen Konzepten lässt sich so ein entsprechender Mehrwert sowohl für die Schüler als auch für die Lehrpersonen generieren. Eines der pädagogischen Berufsfelder, welches sich intensiv mit diesen und weiteren Effekten beschäftigt, ist die *Natur- und Umweltpädagogik.*

> „Die Auseinandersetzung mit wichtigen Aspekten von Wahrnehmung und Motivation spielt in der Umweltpädagogik eine herausragende Rolle. Wer mit Kindern in diesem Bereich arbeitet, wird vor allen naturkundlichen oder technischen Kenntnissen immer auch auf psychologische Fragestellungen stoßen"
>
> (Österreicher, Herbert: Natur- und Umweltpädagogik für sozialpädagogische Berufe, Bildungsverlag EINS, Köln, 3. 2014, S. 12 ff.).

Hier zeigt sich bereits deutlich die Überschneidung der im Bisherigen geschilderten Ansätze aus Pädagogik, Psychologie und Naturwissenschaften. Die Handlungsbereiche der Natur- und Umweltpädagogik sind vielschichtig und fokussieren in ihren Interventionen nicht nur auf die Auseinandersetzung mit Flora und Fauna. Die einzelnen Felder setzen sich aus unterschiedlichen Bereichen der allgemeinen Psychologie wie

- Wahrnehmungspsychologie
- Kognitionspsychologie
- Motivationspsychologie
- Lernpsychologie
- Entwicklungspsychologie und
- ökologischer Psychologie

zusammen, welche in ihrer Gesamtheit für die gedeihliche Entwicklung der Heranwachsenden und der adäquaten Schaffung von geeigneten Lernsettings zur Anwendung kommen. Die Interventionsmöglichkeiten reichen von der Auseinandersetzung mit Flora und Fauna in Form von Gartengestaltung und Waldspaziergängen, dem Wettergeschehen und der Orientierung im sozialen Raum über Gruppenaktivitäten zum Thema Lebensmittel und Ernährung hin zu theoretischen und praktischen Methoden für die Themenfelder Ökologie und Umweltschutz (ebd.).

Betrachtet man diesen Ansatz im Lichte erwähnter gesellschaftlicher Herausforderungen, scheint eine umfassende Implementierung in aktuelle Lehrpläne und die Schaffung entsprechender Rahmenbedingungen dringend geboten.

Ein weiterer Aspekt der im Rahmen natur- und umweltpädagogischer Interventionen nicht außer Acht zu lassen ist, stellt die Notwendigkeit der körperlichen Bewegung dar. Diese ist im Kindergarten- und Vorschulalter noch in weit höherem Maß präsent als im weiteren Verlauf der schulischen Bildung. *Rupert Sheldrake*, der seines Zeichens britischer Staatsbürger ist, berichtet von einem offiziellen Regierungsprogramm, dem *Natural Environment White Paper* (2011), welches »das

Band zwischen Mensch und Natur stärken und jedem Kind Erfahrungen und Lernschritte in einer naturnahen Umgebung ermöglichen soll« (vgl. https://www.gov.uk). Er verweist in diesem Zusammenhang auf die vom amerikanischen Autor *Richard Louv* formulierte Definition des »Natur-Defizit-Syndroms«, welches aufgrund eines *Mangels an Naturnähe* in direktem Zusammenhang zum Anstieg von Fettleibigkeit, Depression und Aufmerksamkeitsstörungen bei Kindern stehe (ebd. S. 94).

Die Erhaltung der Gesundheit und Beweglichkeit durch entsprechende Angebote in Ernährung, Bewegung und Aktivität in freier Natur sind unerlässlich für eine gedeihliche Entwicklung der heranwachsenden Generationen. Es liegt daher in der Verantwortung der Eltern und der Lehrkörper, die entsprechenden zeitlichen und materiellen Ressourcen bereitzustellen, um speziell den fragwürdigen Entwicklungen der Digitalisierung entgegenzuwirken.

5 Zusammenfassung und Beantwortung der Forschungsfrage

Angesichts der Vielfalt an unterschiedlichen Impulsen und Betrachtungen der einzelnen dargelegten Themenbereiche und Wissenschaftsdisziplinen liegt es auf der Hand, dass der Rahmen dieser Arbeit nur unzureichend für detaillierte Beschreibungen ist. Dennoch lässt sich auf Basis der knapp gehaltenen Einblicke in die verschiedenen „Felder" die zu Beginn dieser Arbeit gestellte Forschungsfrage ausreichend beantworten. Dafür ist es allerdings notwendig, diese Forschungsfrage in drei Teile zu untergliedern und auf die einzelnen Aspekte einzugehen.

> Worin liegt der potenzielle Nutzen eines durch Spiritualität erweiterten Welt- und Menschenbildes für die pädagogische Praxis und als Ausgleich zur fortschreitenden Entfremdung des Menschen von der Natur?

1. Ein durch Spiritualität erweitertes Welt- und Menschenbild

In den vorangegangenen Explikationen konnten wir deutlich erkennen, dass der Mensch nicht nur aus der Begrenztheit seines physischen Körpers und dessen psychischem Innenleben besteht, sondern dass er auch ohne eigenes Zutun in ständiger Wechselwirkung zu seiner Umgebung existiert. Die Erweiterung des Welt- und Menschenbildes vom Homo sapiens sapiens – aktuell eines Homo sapiens oeconomicus – hin zu einem Homo sapiens spiritualis, welcher über von ihm selbst emittierte Felder mit den ihn umgebenden Feldern selbst auf globaler Ebene kommuniziert, bereitet den Grund für die Erkenntnis, dass es so etwas wie Trennung nur auf intellektueller Ebene gibt.

Tatsächlich jedoch kommuniziert der Mensch permanent mit diesen ihn umgebenden Feldern, auch ohne sein Bewusstsein darüber. Durch die bewusste Auseinandersetzung über die Aktivierung entsprechender Bewusstseinszustände versetzt er sich in die Lage, in einem weit größeren Maße kreativ und schöpferisch tätig zu sein, als es durch das allgemeine Schulwissen derzeit noch vermittelt wird.

Die Einsicht, dass sich der Mensch als lebendiges Wesen mit einem lebendigen Kosmos in ständiger Kommunikation befindet, macht ein radikales Umdenken erst möglich. Diese Potentiale und die in allen Menschen grundsätzlich angelegten geistigen Fähigkeiten werden seit jeher benötigt, um Veränderungen und Entwicklungen anzustoßen, die immer auch für die Gesamtheit der Menschen von Nutzen sein können.

„Unser Überleben auf diesem Planeten wird davon abhängen, wie schnell es uns ge-
lingt, eine neue, eine für die Lösung der von uns selbst geschaffenen Probleme geeig-
netere Denkweise, also ein neues Welt- und Selbstbild zu entwickeln"

(Hüther, Gerald; Spannbauer, Christa: „Ein Plädoyer der Verbundenheit" in: Hüther,
Gerald; Spannbauer, Christa (Hrsg.): Verbundenheit – Warum wir ein neues Weltbild
brauchen, Hogrefe, Bern, 2. 2018, S. 135 f.).

2. Der potentielle Nutzen für die pädagogische Praxis

Der Nutzen für die pädagogische Praxis ergibt sich aus den Ergänzungen des schulischen Alltags und der Curricula durch Methoden und Interventionen, welche das
Subjekt auf individueller Ebene direkt ansprechen und es im weiteren Sinne nicht
nur als zu beschulendes Objekt betrachten, sondern das Individuum als Ausdruck
der kollektiven Schöpfung anerkennen. Darüber hinaus können den Heranwachsenden brauchbare Werkzeuge an die Hand gegeben werden, um den auf sie zu-
kommenden Herausforderungen in einer digitalisierten Welt selbstbewusst und
gefestigt begegnen zu können.

Die in dieser Arbeit angeführten, aber auch weitere spirituelle Methoden, geben
auch den praktizierenden Pädagoginnen und Pädagogen in unterschiedlichen Tätigkeitsfeldern Werkzeuge an die Hand, um die ihnen anvertrauten Individuen in
ihren tatsächlichen Lebenswelten anzuerkennen und für eine gelingende Zusam-
menarbeit dort abzuholen. Alle jene Methoden, welche die soziale Kohäsion in
Klassengemeinschafen, Arbeits- und Lerngruppen sowie im alltäglichen sozialen
Umfeld fördern, können mittel- bis langfristig als förderlich für die gesellschaftliche
und kollektive Verbundenheit betrachtet werden und den Abbau von Glaubens-
mustern Xenophobie und Intoleranz begünstigen.

All jene Aspekte pädagogischer Arbeit, welche sich mit Sinnfindung und Sinnge-
bung beschäftigen, dürfen als grundlegende Bildungsziele verstanden werden:
zum einen, um das Individuum in seiner individuellen Subjekt- und Ganzwerdung
zu fördern, zum anderen um auch das eigene Handeln innerhalb eines adäquaten
Sinnhorizontes der regelmäßigen Reflexion und der kontinuierlichen Weiterentwicklung zu unterziehen.

„Man hat heute längst vergessen, dass das Individuum in unserem heutigen Sinn erst
mit der Industrialisierung entstand" und dass jedes Kind immer schon Teil eines sozialen Beziehungsgefüges ist, bevor es ein »Individuum« wird.

(Welzer, Harald: „Ein Plädoyer der Verbundenheit" in: Hüther, Gerald; Spannbauer, Christa (Hrsg.): Verbundenheit – Warum wir ein neues Weltbild brauchen, Hogrefe, Bern, 2. 2018, S. 65 f.)

3. Der Ausgleich zur fortschreitenden Entfremdung des Menschen von der Natur

Die Entfremdung des Menschen von der Natur hat maßgeblich dazu beigetragen, dass dieser sich mit einer Fülle von Herausforderungen und Krisen konfrontiert sieht. Die Mechanismen einer hochtechnologischen Konsumgesellschaft mit all ihren Teilbereichen sind derart komplex, dass es nur weniger weiterer Herausforderungen bedarf, um diese Gesellschaftsform nicht nur in ihren Grundfesten zu erschüttern, sondern sie kollabieren zu lassen. Als Beispiel diene hier eine weitere Finanzkrise, welche in kürzester Zeit das gesamte Gesellschaftsgefüge destabilisiert und noch mehr unbeschreibliches Leid zu erzeugen vermag.

Für den modernen Menschen von heute steht jedoch eine Fülle an zukunftsfähigen Konzepten und Ideen bereit – viele davon bereits in der Umsetzung – welche in der Lage sind, den unausweichlichen globalen Ökozid noch abzuwenden. Hierfür bedarf es jedoch einer Veränderung in der Wahrnehmung und im Umgang mit jener Schöpfung, die unter unseren Füßen liegt und uns seit Anbeginn mit allem versorgt. Diese Schöpfung begegnet uns in allen Menschen, aber auch in den Tieren und Pflanzen die unser Leben bereichern und ihr eigenes dafür opfern, selbst in den Bauwerken und Naturjuwelen welche noch nicht durch den Menschen zerstört worden sind.

> „Heute entsteht eine neue Form von Entfremdung. Es handelt sich nicht mehr um die Entfremdung von der Welt oder von der Arbeit, sondern um eine destruktive Selbstentfremdung, nämlich Entfremdung von sich selbst"
>
> (Han, Byung-Chul, Die Austreibung des Anderen – Gesellschaft, Wahrnehmung und Kommunikation heute, S. Fischer, Frankfurt a. M., 2. 2016, S. 54).

Dieser »Entfremdung von sich selbst« durch meditative Innenschau entgegenzuwirken und sich der eigenen evolutionären Herkunft als Naturwesen wieder bewusst zu werden, bedarf der Vermittlung der beschriebenen Methoden und weiterer wissenschaftlicher Erkenntnisse mit dem Ziel, die Entfremdung des Menschen von der Natur in seiner gesamtgesellschaftlichen Dimension umzukehren.

Es ist u. a. die Aufgabe der Pädagoginnen und Pädagogen die entsprechenden Wissensinhalte und Methoden zu vermitteln, um die heranwachsenden Generationen in die Lage zu versetzen, dieses fragile und gleichzeitig wirkmächtige Gefüge des Ökosystems Erde hinreichend zu verstehen: nicht um dieses auszubeuten, sondern um in „sinnvoller Verbundenheit" mit all den Komponenten dieser Schöpfung für dessen Bewahrung und Erhaltung beitragen zu können. Hierfür bedarf es der Etablierung eines durch Erkenntnis und Erfahrung gereiften Bewusstseins, welches in Entscheidungssituationen die fundamentale Tatsache berücksichtigt, dass es für alle nur diesen einen Planeten gibt.

Gelebte Spiritualität in sinnvollem Miteinander und verbindlicher Auseinandersetzung mit den aktuellen Chancen und Herausforderungen sowie der Bereitschaft zu Veränderungen im Sinne einer gedeihlichen Weiterentwicklung der gesamten Schöpfung kann durch die Vermittlung der hier dargestellten Sachverhalte und ihrer Relevanz im Rahmen der Bildungsarbeit die heranwachsenden Generationen in ihrer Fähigkeit zu verantwortungsvollen und nachhaltigen Entscheidungen im Sinne des »Sieben-Generationen-Prinzips« unterstützen.

Dieses Prinzip besagt: *„dass der Mensch bei jeder Handlung bedenken soll, wie sich diese für die siebte Generation in der Zukunft auswirkt"* (Köhn, Elena: *„Das 7-Generationen-Prinzip der Irokesen",* unter: https://www.umweltdialog.de/de/management/wirtschaftsethik/2018/Das-Siebte-Generation-Prinzip-der-Irokesen.php (abgerufen am 14.10.2019, 21:44).

Wenn der Mensch sich nicht mehr nur daran orientiert, was ihm selbst und seinen eigenen Interessen dienlich ist und sich im Sinne der Selbst-Transzendenz von den Anforderungen und produzierten Bedürfnissen einer neoliberalen Gesellschaft abwendet, vermag er es durch reflexive Innenschau und durch die für die Gesundheit förderlichen Naturerfahrungen den Raum für notwendige Veränderungen zu öffnen und neue Visionen für sich selbst entstehen zu lassen.

> „Eigentliches Menschsein ist also erst dort gegeben, wo nicht ein Es (Ego) den Menschen treibt, sondern wo ein Ich (Selbst) sich entscheidet."

> (Frankl, Viktor, Der unbewußte Gott – Psychotherapie und Religion, dtv und Kösel, München, 15. 2018, S. 17)

Ich hoffe, dass die hier dargestellten Sachverhalte der Entwicklung und Förderung dieses *eigentlichen Menschseins* zuträglich sind und zu einem zeitgemäßen und notwendigen Verständnis des Phänomens Spiritualität und dessen Relevanz für die Bildungsarbeit beitragen können.

6 Schlussbetrachtungund Ausblick

> „Die Spiritualität bleibt das große Loch in Säkularismus, Humanismus, Rationalis-
> mus, Atheismus und all den anderen Abwehrhaltungen, die vernünftige Männer und
> Frauen gegenüber unvernünftiger Religion einnehmen. Menschen zu beiden Seiten
> dieser Kluft hegen die Vorstellung, dass visionäre Erlebnisse keinen Platz im wissen-
> schaftlichen Kontext haben – abgesehen von den Stationen psychiatrischer Kliniken.
> Solange wir über Spiritualität nicht auf rationale Weise sprechen können – indem
> wir die Selbsttranszendenz als eine gültige Erfahrung anerkennen –, wird unsere
> Welt von Dogmatismus heimgesucht werden"
>
> (Harris, Sam: Spiritualität jenseits von Glaube und Religion, 2017 in Sheldrake, Ru-
> pert, 2018, S. 30).

Jenen Wissenschaftsdisziplinen, welche sich der Erforschung des Phänomens Spiritualität gewidmet haben, ist es zu verdanken, dass die Epoche des religiösen Dogmatismus nahezu ganz abgestreift werden konnte und die essenziellen Komponenten der Spiritualität freigelegt wurden. Diese Erkenntnisse vermögen es eine *zweite
Aufklärung* zu initiieren, um den Individualismus zu transzendieren und diesen mit
dem menschlichen Bedürfnis nach Verbundenheit zu versöhnen (vgl. von Meibom,
Barbara in: Hüther, Gerald; Spannbauer, Christa (Hrsg.): *Verbundenheit – Warum
wir ein neues Weltbild brauchen,* Hogrefe, Bern, 2. 2018, S. 89).

Der Mensch als Individuum ist weit mehr als eine von Hormonen beeinflusste und
durch neuronalen Konditionierungsprozesse geprägte Maschine. In ihm befindet
sich nach wie vor ein fühlendes, leidendes und liebendes Seelenwesen, welches danach strebt, seinem Dasein Sinn und Bedeutung zu geben und diesen durch die Verbundenheit zur gesamten Schöpfung zum Ausdruck zu bringen. Das menschliche
Sein und Bewusstsein lässt sich zwar an Gehirnaktivitäten messen und in von anderen Gehirnen etablierte Skalen und Normwerte einordnen, dennoch sieht sich
die moderne Wissenschaft mit einer Fülle noch nicht erklärbarer Phänomene konfrontiert (vgl. Meyer-Drawe, 2012, S. 84ff.).

Das seit der ersten Aufklärung aufkeimende Verständnis des Individuums als einem neuronalen und hormonell gesteuerten Mechanismus (ebd.)greift zu kurz in
der modernen Informationsgesellschaft, um auf die aktuellen gesamtgesellschaftlichen Herausforderungen adäquate Antworten geben zu können. Eine aufgeklärte
Spiritualität kann dazu beitragen dieses zu transzendieren und die soziale Kohäsion abseits von Konkurrenz, Optimierungszwang und der Forderung nach

ständigem Wirtschaftswachstum auf unterschiedlichen Gesellschaftsebenen zu stärken und Impulse für zukunftsfähige Handlungsmaximen zur Verfügung zu liefern.

Derartige„spirituelle" Handlungsmaximen können in unterschiedliche Weise auf den verschiedenen Schulstufen adäquat etabliert werden und dadurch zu notwendigen Veränderungen in Welt- und Menschenbild beitragen. Dies zu tun ist nicht ausschließlich die Aufgabe der Pädagogik, dennoch können hier entsprechende Weichen für ein Bewusstsein gestellt werden, welches die Basis für ein gedeihliches Co-Existieren und Co-Kreieren – getragen von Sinn und Verbundenheit – für die nachfolgenden sieben Generationen ermöglichen.

Auch wenn dieser in seinem Unterton philosophisch anmutende Diskurs es nicht vermag entsprechende Veränderungen anzustoßen, so ist er zumindest in der Lage, die Neugier und Offenheit potenzieller Rezipienten anzusprechen und zu weiterer Nachforschungen anzuregen. Wenn diese wiederum dazu ermutigt und in die Lage versetzt werden für sich selbst ein zeitgemäßes Verständnis über die Verbundenheit und Abhängigkeit von „Allem-was-ist" zu entwickeln, kann dieses Verständnis dazu führen neue, sinnerfüllte Perspektiven für das gedeihliche Zusammenwirken der Menschheit als verantwortungsbewusstem Teil der Schöpfung zu entwickeln.

Literaturverzeichnis

ARVAY, Clemens G., Der Biophilia Effekt – Heilung aus dem Wald, 2015, edition a, Wien

BROERS, Dieter, Der Verratene Himmel – Rückkehr nach Eden, 6. 2015, Dieter Broers Verlag Ltd., West Kirby / Unterlembach

BROERS, Dieter, Das Ego im Dienste des Herzens – Ein neues Eden, 2. 2017, Dieter Broers Verlag Ltd., Unterlembach

BROERS, Dieter, Metamorphose der Menschheit – Warum wir immer noch nicht erleuchtet sind und was wir daran ändern können, 2018, Dieter Broers Verlag Ltd., West Kirby / Unterlembach, UK and AUSTRIA

BUCHER, Anton A., Psychologie der Spiritualität, 2. 2015, Beltz, Basel

BÜSSING, Arndt; KOHLS, Niko (Hrsg.), Spiritualität transdisziplinär – Wissenschaftliche Grundlagen im Zusammenhang mit Gesundheit und Krankheit, 2011, Springer, Berlin/Heidelberghttps://link.springer.com/book/10.1007%2F978-3-642-13065-6 (28.09.2019, 10:49) doi:https://doi.org/10.1007/978-3-642-13065-6

FRANKL, Viktor, Der Mensch vor der Frage nach dem Sinn, 29. 2017, Piper, München

FRANKL, Viktor, Der unbewußte Gott – Psychotherapie und Religion, 15. 2018, dtv und Kösel, München

FRANKL, Viktor, Grundkonzepte der Logotherapie, A.d.E.v. Franz Vesely, 2015, Facultas, Wien

HAN, Byung-Chul, Psychopolitik – Neoliberalismus und die neuen Machttechniken, 5. 2014, S. Fischer, Frankfurt/Main

HAN, Byung-Chul, Die Austreibung des Anderen – Gesellschaft, Wahrnehmung und Kommunikation heute, 2. 2016, S. Fischer, Frankfurt a. M.

HÜTHER, Gerald, Die Macht der inneren Bilder – Wie Visionen das Gehirn, den Menschen und die Welt verändern, 9. 2015, Vandenhoeck & Ruprecht, Göttingen/Bristol

HÜTHER, Gerald, SPANNBAUER, Christa (Hrsg.), Verbundenheit – Warum wir ein neues Weltbild brauchen, 2. 2018, Hogrefe, Bern

LEMBKE, Gerald, LEIPNER, Ingo, Die Lüge der digitalen Bildung – Warum unsere Kinder das Lernen verlernen, 2. 2016, Redline, München

LISCHEWSKI, Andreas, Meilensteine der Pädagogik – Geschichte der Pädagogik nach Personen, Werk und Wirkung, 2014, Alfred Kröner, Stuttgart

LUHMANN, Niklas, Die Realität der Massenmedien, 5. 2017, Springer VS, Wiesbaden

LÜCK, Helmut E., Kurt Lewin – Eine Einführung in sein Werk, 2001, Beltz, Weinheim und Basel

MAUSFELD, Rainer, Warum schweigen die Lämmer? – Wie Elitendemokratie und Neoliberalismus unsere Gesellschaft und unsere Lebensgrundlagen zerstören, 2018, Westend, Frankfurt/Main

MEYER-DRAWE, Käte, Diskurse des Lernens, 2012, Wilhelm Fink Verlag, München

ÖSTERREICHER, Herbert, Natur- und Umweltpädagogik für sozialpädagogische Berufe, 3. 2014, Bildungsverlag EINS, Köln

SHELDRAKE, Rupert, Das Gedächtnis der Natur – Das Geheimnis der Entstehung der Formen, A.d.E.v.: Jochen Lehner, 2. 2011, Scherz, Frankfurt/Main

SHELDRAKE, Rupert, Die Wiederentdeckung der Spiritualität – 7 Praktiken im Fokus der Wissenschaft, A.d.E.v. Horst Kappen, 2018, O. W. Barth, München

SPITZER, Manfred, Vorsicht Bildschirm! – Elektronische Medien, Gehirnentwicklung, Gesundheit und Gesellschaft, Deutscher Taschenbuch Verlag, 9. 2015, München

WARNKE, Ulrich, Quantenphilosophie und Spiritualität – Wie unser Wille Gesundheit und Wohlbefinden steuert, 4. 2017, Wilhelm Goldmann, München

WELZER, Harald, Die smarte Diktatur – Der Angriff auf unsere Freiheit, 2. 2018, S. Fischer, Frankfurt a. M.

Internetquellen

https://de.wikipedia.org/wiki/Upanishaden (23.09.2019, 16:32)

https://de.wikipedia.org/wiki/H%C3%B6hle_von_Lascaux (23.09.2019, 17:10

https://de.wikipedia.org/wiki/Jungpal%C3A4olithikum (23.09.2019, 17:25) https://de.wikipedia.org/wiki/Bestattung_von_Bad_D%C3%BCrrenberg (23.09.2019, 17:45)

https://link.springer.com/book/10.1007%2F978-3-642-13065-6 (28.09.2019, 10:49)

https://de.wikipedia.org/wiki/Glauben (27.09.2019, 16:53)

https://de.wikipedia.org/wiki/Wissen (27.09.2019, 16:57)

https://de.wikipedia.org/wiki/Spiritualit%C3%A4t (27.09.2019, 17:03)

https://de.wikipedia.org/wiki/Verbundenheit (27.09.2019, 17:22)

https://de.wikipedia.org/wiki/Sinn_(Philosophie) (27.09.2019, 17:38)

https://de.wikipedia.org/wiki/Entfremdung (27.09.2019, 17:53)

https://de.wikipedia.org/wiki/Gesellschaft_(Soziologie) (27.09.2019, 18:02)

https://de.wikipedia.org/wiki/Natur (27.09.2019, 18:13)

https://de.wikipedia.org/wiki/Maslowsche_Bed%C3%BCrfnishierarchie (30.09.2019, 12:27)

https://www.spektrum.de/lexikon/psychologie/valenz/16097 (30.09.2019, 12:42)

https://de.wikipedia.org/wiki/Noosph%C3%A4re (30.09.2019, 13:17)

https://netlibrary.aau.at/obvuklhs/download/pdf/4394056?originalFilename=true (05.10.2019, 15:05)

https://www.sheldrake.org/deutsch/morphische-felder (05.10.2019, 14:36)

http://www.demokratiezentrum.org/themen/mediengesellschaft/e-democracy/die-geschichte-des-internets.html (05.10.2019, 21:33)

http://www.lern-psychologie.de/kognitiv/piaget.htm#targetText=Jean%20Piaget%20(1896%20%2D%201980),kognitiven%20Entwicklung%20von%20Kindern%20besch%C3%A4ftigt.&targetText=Nach%20Piaget%20sind%20die%20Phasen,kommen%20in%20allen%20Kulturen%20vor. (07.10.2019: 11:30)

https://www.ursachewirkung.at/meditation/1635-meditation-in-schulen-sorgt-fuer-wohlbefinden (06.10.2019, 21:45)

Waters, Lea, Barsky, Adam, Ridd, Amanda, Allen, Kelly: Contemplative Education: A Systematic, Evidence-Based Review oft he effect of Meditation Interventions in Schools, Educational Psychology Review, 2015, 27(1), S. 103-134https://link.springer.com/article/10.1007/s10648-014-9258-2#Sec10doi: https://doi.org/10.1007/s10648-014-9258-2 (07.10.2019, 09:38)

https://assets.publishing.service.gov.uk/government/uploads/system/uploads/attachment_data/file/228842/8082.pdf

https://www.umweltdialog.de/de/management/wirtschaftsethik/2018/Das-Siebte-Generation-Prinzip-der-Irokesen.php (abgerufen am 14.10.2019, 21:44)

Anhang

Auszug aus dem Interview mit IP4, Klinische- und Gesundheitspsychologin, Psychotherapeuting, 42J, November 2018 (Transkript IP4, Zeile 138-149)

Und da wo wenn du dich dem nicht öffnest vielleicht Angst mit ins Spiel kommt ja, man sich denkt b o a h, mein Maßband ist schon fast verbraucht nicht, ja vielleicht noch zwanzig Jahre oder was, da wird es schon noch einmal hilfreich sich darüber hinaus zu bewegen auf einer geistigen Ebene und sich damit zu befassen was ist der Sinn, ja der Sinn des Lebens hat mir einmal eine, eine Patientin gesagt ahm, eine Jugendliche. Hat sie gesagt was macht denn das für einen Sinn, wir werden geboren dann leiden wir dahin dann werden wir, mehr oder weniger gut behandelt oder eben auch nicht, und dann sterben wir, setzen wir vielleicht noch dazwischen Kinder in die Welt oder eben auch nicht, was macht denn das alles für einen Sinn. Und ich glaube sich dieser Frage zu stellen ist schon elementar und vor allem bei Menschen mit psychischen Problemen.

Auszug aus dem Interview mit IP6, Sozialpädagogin, Studierende der Psychologie, 25J, Februar 2019 (Transkript IP6, Zeile 354-435)

Also diese, Verbundenheit dass das was ist das, permanent gegeben sein muss. Und … was ich auch merke aus Erziehungsverhalten oft einmal heraus, diese diese … der Entzug der Verbundenheit als Bestrafungsmaßnahme. Also, früher war das eben dann zum Beispiel so oder auch Hausarrest ja du darfst jetzt nicht rausgehen, darfst dich jetzt nicht mit deinen Freunden treffen darfst jetzt nicht mit denen spielen, und heutzutag eine ganz häufige Sanktion auch von elterlicher Seite aus, ist das Handyverbot. Was natürlich nach außen sich komplett anders ausdrückt, aber, im Prinzip auch einen einen Abschnitt der, also ein Abschneiden der Verbindung zu anderen, repräsentiert und damit eigentlich, quasi die gleiche Sanktion wiederherstellt. Und, in der Lebenswelt der Jugendlichen hat einfach diese, Verbundenheit so einen so einen massiv hohen Stellenwert, was man, jetzt vielleicht in unserem Alter so gar nicht greifen kann, aber, wenn man sich dann zum Beispiel, Snapchat anschaut. Daaa gibts ja dieses System mit den Flammen und, du kriegst jeden Tag eine, Flamme dazu wenn du mit jemandem hin- und hersnapst also wie du so ein Bildchen hin und herschickst, und wenn du allerdings einmal zwölf Stunden lang nicht im, also zwölf Stunden nicht im Kontakt bist, dann verlierst du alle Flammen die du dir mühsam aufgebaut hast. …

Und was ich beobachtet habe ist dass das in deeeeer Lebensrealität von den Jugendlichen ganz ganz einen hohen Stellenwert einnimmt. Also dass sie dann wirklich stolz präsentieren ja ich habe da jetzt mit der und der über dreihundert Flammen, und, wie wichtig das eigentlich für sie ist, und dass das, für sie, einen Weltuntergang bedeuten würde, diese Flammen zum verlieren. ... Also die dann, mühsamst aufgebaut werden, wos, wo du dir als Erwachsener denkst ja, pfff ok passt dann sind da jetzt auf dem Bildschirm ein paar Pixel anders, aber für die, bedeutet das wirklich einen Zusammenbruch.

I: Mhm.

IP: Und, wo sie sich dann auch gut absprechen so dieses *„maaah du, falls irgendetwas ist"* ähm, *„falls ich",* keine Ahnung *„falls mir das Handy abgenommen wird oder falls es kaputt wird oder irgendwas, ich gebe dir vorsichtshalber meine Zugangsdaten, und wenn ich n i c h t erreichbar bin wenn du da was merkst geh bitte bei mir eini, und und mach einen Massensnap",* also das ist einfach wenndu ah ein, Bildchen an alle Kontakte aus deiner Kontaktliste schickst. Einfach nur quasi *„schau ich bin da".* ... Um ... um diese diese Quantität aufrecht zum erhalten, und, auch irgendwo diese dieses, Statussymbol damit, beibehalten zum können.

I: Da haben sie das letzte Mal auch von Vertrauen gesprochen.

IP: Ja natürlich also, das ist ja, das ist ja ein ein riesiges, Vertrauenszugeständnis also dieses so, *„ich geb dir da jetzt meine Zugangsdaten, und, ich vertrau darauf dass du das dann machst! Dass du nicht, mit Absicht dann die Zeit verstreichen lässt, und dass du mir da, damit jetzt Alles zerstörst, sondern sondern, dass du das wirklich machst und dass ich mich da, auf dich verlassen kann". ... „Und dann natürlich auch im Gegensatz, dazu also im Gegenzug dafür, würde ich für dich jederzeit das gleiche machen, dann hast du meine Daten ich hab deine, und, ich vertraue da wirklich darauf dass du das beibehaltest".* Und, ich glaube das würde auch, den Jugendlichen wenn du mit ihnen redest *„niemals",* jemandem einfallen so, absichtlich die Zeit verstreichen zu lassen. Da da siehst sie dann teilweise wirklich eher hektisch dass sie, irgendwo wenn sie selber jetzt kein Internet mehr haben einen WLAN-Zugang suchen oder ganz ganz dringend zum Mackie (ANM. McDonalds) müssen weil das ist jetzt wirklich ein Notfall, und da gibt es freies WLAN und dann wirklich mit 2, 3 teilweise 4 Accounts hineingehen und und, diesen Massensnap vorm Mackie machen einfach so passt, das ist jetzt erledigt. Einfach damit dieses, Vertrauen diese diese Verbundenheit aufrechtab, aufrechterhalten bleibt. Und ... ja, was man hald einfach merkt natürlich, in so einem Massensnap oder oder generell auf Snapchat, es sind ja keine, inhaltlich relevanten Inhalte die transportiert werden, sondern von dieses ja, *„schau ich bin da, mich mich gibt es auch noch".* Und das muss dann wirklich alle paar Stunden sein so dieses weiß ich nicht, *„verg, vergiß mich nicht dass es mich noch gibt"* oder ähm, *„schau ich denk auch an dich dass ich da jetzt was snap".* Und, auch wenn es inhaltlich keine Relevanz hat, zeigt es hald trotzdem diese diese Verbundenheit die sich, momentan ganz stark über Quantität ausdrückt.

I: Mhm.

I: Und würden Sie jetzt sagen dass die, Orientierung an der Quantität sozialisationsbedingt sein kann ist das ein bischen ein gesellschaftliches, Muster auch ist wenn man jetzt von von materialistischen Weltbildern und so weiter spricht dort ist ja, die Qualität ähnlich wie beim Geld, resultiert dann aus der Quantität, kann das da auch mit hinein spielen?

IP: Ja natürlich und ich meine was dann natürlich auch ist ähm die sind, dadurch dass du ständig die Möglichkeit hast, erreichbar zum sein, und es eigentlich gefordert wird dass du ständig erreichbar bist, ist es ja dann auch oft ähm, also also wir sprechen ja wirklich von Datenmassen. Weil das ist ja nicht so wie wie, früher dass du wenn du hinausgegangen bist so deine zwei drei besten Freunde gehabt hast die in gleichen Straße gewohnt haben und mit denen hast du was gemacht, sondern die, Mobilität nimmt zu, die Erreichbarkeit nimmt zu, und, wird eben auch eingefordert. Und um diese, Daten, Massen bewältigen zu können und diese Anforderungsmassen bewältigen zu können, kannst du nicht jedem die gleiche Qualität bieten. Weil, pfff, du kannst jetzt nicht, also du kannst mit, zwei drei Leuten, relativ leicht eng befreundet sein, du kannst nicht mit zweihundert Leuten relativ eng befreundet sein. Und, das wird dann eher über die, Quantität kompensiert. Wo einfach Qualität nicht mehr möglich ist. Und ich sag das das passt natürlich auch schön zu unserem momentanen Zeitgeist weil, schneller höher weiter, und, ich glaub wir sind da jetzt auch grad eine, Generation die selbst schon damit aufgewachsen ist. Wenn ich jetzt sage also also, boah, wie nennst, wie wie nennt man das … diese diese Internet-Natives, na keine Ahnung.